信息通信技术普及丛书

走近工业互联网

中国通信企业协会 组编

王峰 著

人民邮电出版社

北京

图书在版编目（CIP）数据

走近工业互联网 / 中国通信企业协会组编 ; 王峰著
. -- 北京 : 人民邮电出版社, 2019.2
(信息通信技术普及丛书)
ISBN 978-7-115-50016-8

Ⅰ. ①走… Ⅱ. ①中… ②王… Ⅲ. ①互联网络—应用—工业发展—普及读物 Ⅳ. ①F403-39

中国版本图书馆CIP数据核字(2018)第246412号

内 容 提 要

本书按时间维度记述了2015年以来工业互联网发展历程中的一些大事件，在这个过程中，作者根据个人的理解，探讨了工业互联网兴起的时代背景、内在特点、产业趋势等话题。

本书适合希望快速了解工业互联网发展进程与基本情况的读者阅读。

◆ 组　　编　中国通信企业协会
著　　　王　峰
责任编辑　王建军
责任印制　彭志环

◆ 人民邮电出版社出版发行　北京市丰台区成寿寺路 11 号
邮编　100164　电子邮件　315@ptpress.com.cn
网址　http://www.ptpress.com.cn
三河市中晟雅豪印务有限公司印刷

◆ 开本：700×1000　1/16
印张：6.25　　2019 年 2 月第 1 版
字数：116 千字　　2019 年 2 月河北第 1 次印刷

定价：45.00 元

读者服务热线：(010)81055488　印装质量热线：(010)81055316
反盗版热线：(010)81055315

《信息通信技术普及丛书》编委会

前言

过去几年，中国制造业随着经济发展整体步入新常态，处于一个爬坡过坎、转型升级的过程。互联网、云计算、大数据、人工智能等新一代信息通信技术的火热发展，给新动能的塑造提供了新的可能。政府和产业界开始相信，以数字化、网络化、智能化为标志的新一轮的工业革命已经到来。于是，美国提出的工业互联网常常与德国提出的工业 4.0 并列出现在佐证这一判断的论述中。然而，与德国政府明确将工业 4.0 作为国家力推的战略工程不同，美国政府从未发布过以工业互联网为名的国家战略。工业互联网一开始更像是 GE（美国通用电气公司）和他的合作伙伴们高调宣传的商业愿景，就像 IBM 曾经提出的“智慧地球”那样。于是，“什么是工业互联网”“要不要发展工业互联网”“怎样发展工业互联网”开始引发越来越多相关人士和组织的思考。与此同时，越来越多与“工业”“互联网”相关的企业，也开始对标国外的模板，尝试打造、宣传自己的工业互联网。

工业互联网的热度不断提升，到 2017 年 11 月，国务院正式印发《关于深化“互联网+先进制造业”发展工业互联网的指导意见》（以下简称《指导意见》）。2018 年全国两会期间，工业互联网频频“上镜”，《政府工作报告》明确提出了“发展工业互联网平台”，掀起了又一波发展工业互联网的高潮。工业互联网不再只是少数“圈内人”关注的对象，也开始引起越来越多“圈外人”的好奇。

笔者近年来一直从事工业互联网的相关研究，有幸得到人民邮电出版社王建军主编的邀请，写一本关于工业互联网的普及读物。收到这样的邀请，笔者诚惶诚恐，感觉实难胜任。按照《指导意见》和官方解读的说法，工业互联网是新一代信息通信技术与实体产业融合的产物，是新工业革命的关键支撑。由此不难想象，工业互联网涉及的点和面极其庞杂。从技术层面来看，工业互联网与移动通信、计算机网络、软件、工业控制等各大学科都有关联，每一学科都包含了细分的门类，每一门类都既涉及基础又涉及前沿，各学科之间又有紧密的交叉；从产业层面来看，工业互联网包含了宏观经济、产业政策、企业管理、国际比较、新经济等诸多方面。对于其中的任何一个点，如果不具备扎实的理论功底和实践积累，就无法写得深入浅出，更不要说写好整个体系。笔者自知远不具备这样的能力，绝不敢妄言，误导读者。于是，笔者以目睫之论，对工业互联网领域近些年发生的林林总总的事件加以“穿凿”，写成这本关于工业互联网发展历程的小册子，文中夹杂一些个人浅显的见解，或许能让读者在闲暇之余略窥工业互联网的二三事。

在本书中，笔者想表达的主要观点有以下三个方面。

一是工业互联网的本质。对于“Industrial Internet”这个英文原始表述，应当是译为工业互联网还是产业互联网，它与智能制造、工业物联网、信息物理系统等概念有什么区别，它应该姓“工”还是姓“互联网”，这些都是研究工业互联网的学者、机构热议的话题。在工业互联网的背后，其实有一个共性的趋势，那就是将不断发展的信息技术融入生产体系、基础设施、机器设备中，实现创新链、价值链、产业链的循环与贯通，构建物质空间与数字世界的映射交互，将数据这一被誉为“石油”“金矿”的资源转变为现实的生产力，将只有机械动作而缺乏“灵魂”的机器设备赋予智慧，从而进一步将人们从体力劳动和脑力劳动中解放出来，提升产业的附加值，创造新的财富。从这个意义上讲，工业互联网无论现在还是将来以什么名字出现并不重要，它的本质是不会改变的。

二是工业互联网的价值。工业互联网可以说是一个“舶来词”，但却绝不完全是“舶来品”。对于我国来说，工业互联网有其独特的价值。我国制造业大部分处于“2.0”阶段，一个突出的表现就是企业的信息化、网络化程度与发达国家以及与实现制造强国的目标相比，还存在较大的差距，工业互联网无疑为深化企业的信息网络化发展和相关解决方案提供商带来了新的机遇。长期以来，工业软件在我国制造业发展中并未得到充分重视，工业软件又由于涉及大量行业机理，开发门槛远远高于一般的商业软件和民用软件，企业设计、研发、生产、管理的常用软件绝大多数依赖进口，工业互联网无疑为工业软件产业的发展带来了新的机遇。传统电信业在行业发展规律、外部竞争等多方因素的作用下，需要找到新的突破口，在承担公共基础设施建设的社会责任与企业盈利发展之间找到平衡点，工业互联网无疑为电信运营商也提供了新的机遇。更重要的是，工业互联网为要素资源配置优化、技术资金人才由 2C 端向 2B 端流动平衡、实体经济的创新发展提供了一种新的机遇。正因如此，我国的工业互联网综合了国际发展的主流趋势与我国自身发展的需要，具备着更丰富的内涵与外延。

三是工业互联网的未来。工业互联网有着广阔的发展空间，这一点是毋庸置疑的。但工业互联网的美好蓝图，却并不是一朝一夕可以绘制的。例如，GE 这样的百年强企，近年在发展工业互联网的道路上也频频遭遇波折。人们在谈到新一轮工业革命的时候，常常类比过去历次工业革命所带来的辉煌，却很少提及每一次工业革命都经历了百年的艰难反复。政策效应的释放，使广大地方、企业对工业互联网的热情空前高涨。但工业互联网究竟该如何落地，究竟可以达到何种成效，短期迸发出的热情能否转化成为长期持续的动力，实现“全方位、深层次、革命性”的变革又要经历多么漫长的探索，恐怕很难有人能说清楚。当下，无论是技术还是生态，无论是产品还是应用，距离美好的愿景都还有着相当远的距离。墉基不可仓促而成。真正改变人类进程的创新，没有一项不是经历漫长的摸索、反复的试错、持续的投入，工业互联网也不例外。

笔者深知自身的积累有限，加之时间仓促，书中错误和不妥之处在所难免，敬请读者不吝指正。

最后，感谢人民邮电出版社王建军主编的帮助，感谢中国信息通信研究院政策与经济研究所何霞副总工，以及我的好友——杭州昱石科技首席产品官高宇、蚂蚁金服数据技术专家侯辉超在技术方面给予的指导与启示。

作　者

2018 年 8 月 30 日

目 录

第 1 章

2015——来龙去脉，互联网浪潮下的新工业革命

没有互联网的制造业是没有希望的，当然没有制造业的互联网更没有希望……制造业必须要学会拥抱互联网，未来不会存在着 Made in China、Made in USA，未来的制造业是 Made in Internet……而且未来的制造业……本质上是个服务业，它不是一个纯制造业……

——马云[1]

[1] 2017 年 9 月，马云在世界物联网博览会上的演讲。

1. 从"互联网+"开始

从 2010 年开始，中国的 GDP 增速开始逐年减缓，从 10.6%滑落至 2015 年的 6.9%，如图 1-1 所示。全国规模以上工业增加值从 15.7%下滑至 6.1%，如图 1-2 所示。电信业的下降更为严重，全国电信业务收入增长率从 2011 年的 10.0%下滑至 2015 年的 0.8%，与同期 GDP 增速之间的差距拉大到约 6 个百分点。这些数字成为了经济新常态的缩影。

与总体经济指标回落形成鲜明对比的是互联网产业迎来了爆发式增长。2014 年，全国互联网服务业总规模接近 9000 亿元，同比增长 35.3%，是基础电信业增速的 13 倍。2015 年，互联网收入更是突破万亿元大关，在信息通信行业占比达到 60%。2014 年，我国互联网公司共披露投/融资 903 起，投资总额达到 2250 亿元。截至 2015 年 6 月 30 日，我国共有 92 家互联网企业在全球主要资本市场挂牌上市，总市值达到 4.76 万亿元。阿里巴巴、腾讯、百度稳定处于全球互联网企业市值前列，而在市值前 30 位的互联网企业中，中国的数量也仅次于美国。

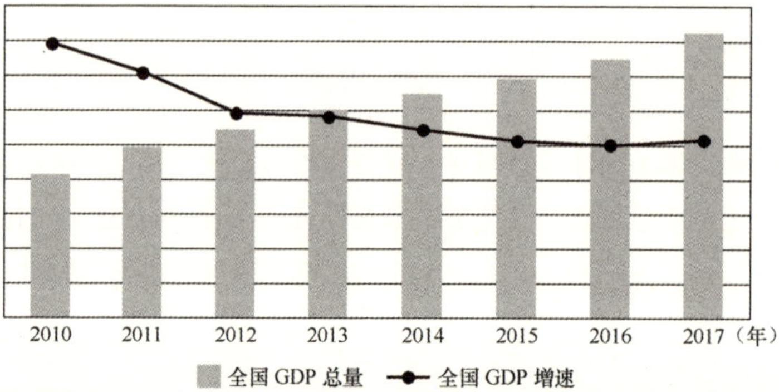

年度	2010	2011	2012	2013	2014	2015	2016	2017
全国 GDP 总量（亿元）	413030	489301	540367	595244	643974	689052	743586	827122
全国 GDP 增速	10.60%	9.50%	7.90%	7.80%	7.30%	6.90%	6.70%	6.90%

——数据来源：国家统计局

图 1-1 全国 GDP 情况

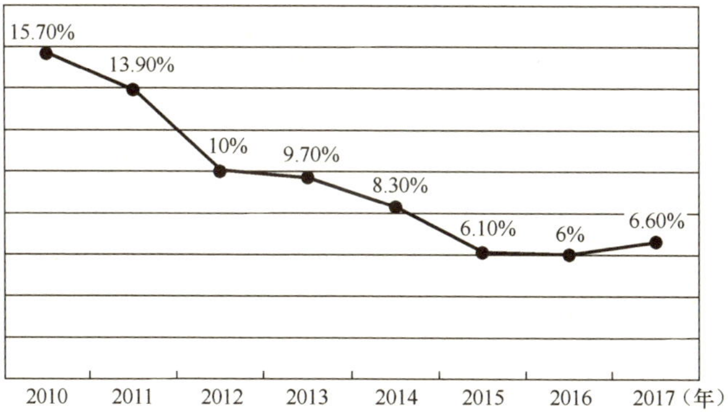

——数据来源：国家统计局

图 1-2　全国规模以上工业增加值情况

互联网改变了人们的消费习惯。中国已经超过美国成为全球最大的网络零售市场，网络购物消费者超过 4 亿人。2015 年，我国网络零售额达到 4×10^4 亿元，位居世界第一，社会消费品零售总额达到 3×10^5 亿元，居世界第二。这意味着，网络零售在社会消费品零售总额的比重达到 13.3%。不仅仅是网购，移动支付、短租、网约车、自媒体等，都在改变着人们的衣食住行。与此同时，消费端的变化开始向生产端蔓延。一些传统企业开始尝试重构企业和消费者的关系，企业从推广、销售、配送、售后等下游环节不断向研发、生产、管理等内部环节渗透。就业，这个关乎经济发展、民生保障和社会稳定的大事，也随着互联网新模式、新业态的普及，发生了改变。一方面，互联网给零售、出租车等传统行业带来了冲击，结构性失业似乎不可避免；另一方面，互联网又带来了更为多元的就业方式，创造出更多新的就业岗位，“众包”“创客”“威客”等开始兴起。某咨询公司 2015 年发布的《互联网时代的就业重构——互联网对中国社会就业影响的三大趋势》指出，2014 年，中国互联网行业直接创造了约 170 万个就业机会。

从消费到生产，从就业到投资，互联网带来的改变让人们感受到了新动能所具有的巨大潜力。“互联网+”的兴起有很多外在的原因，包括资本的密集投入给互联网行业的壮大注入了底气，基础设施建设步伐的加快给了互联网行业生存的基础，但归根结底，起决定性作用的内在因素，还是高速发展的信息通信技术本身具备了为各行各业提供通用支撑服务的能力。近年来，以互联网为代表的信息技术呈现出以下 4 个特点。

（1）网络“三高”化——高速率、高覆盖、高效能

全球 48%的人口已接入互联网，但仍然有约 39 亿人无法获得互联网服务。因此，人们要不断推动网络基础设施朝着速度更快、覆盖更广、体验更好、质量更高的方向发展。目前，156 个国家推出了自己的国家宽带计划[2]。而“宽带”本身，已经开始被重新定义。2015 年 1 月，美国联邦通信委员会（FCC）将宽带基准由下载速率 4Mbit/s、上传速率 1Mbit/s 提高到实际下载速率至少为 25Mbit/s、实际上传速率至少为 3Mbit/s。移动通信也在不断升级。同样在 2015 年，国际电信联盟（ITU）提出了 5G 愿景研究，确立了支持增强移动带宽、海量机器通信和超高可靠性低时延通信三大应用场景，并于 2015 年 11 月正式批准将“IMT-2020”作为 5G 的官方名称。5G 将实现广域覆盖下的用户体验速率达到 100Mbit/s，是 4G 的 100 倍，峰值速率达到 20Gbit/s，每平方千米的连接密度达到百万台设备，可满足 500km/h 的高速移动。在局域网技术方面，为解决传统以太网“尽力而为”传输方式难以保证实时性和传输可靠性等问题，电气和电子工程师协会（IEEE）已经持续 10 年致力于制定新的网络标准——时间敏感网络。这种最初为满足音/视频传输需要的新型技术标准，由于时间上更加精准、更加可靠，开始在汽车控制、工业控制等领域引起关注。

（2）终端多样化

终端是网络上的一类特殊节点，它们是处于网络最外围、最边缘的设备。终端与网络相伴相生。智能手机发布之前，大部分的终端还局限于台式机、笔记本电脑、服务器、打印机这些固定设备。智能手机发布之后，移动互联网的大时代就此开启，智能手机也成为了全球商业化最成功、普及率最高、影响力最大的移动终端。2014 年，全球智能手机出货量达到 12.68 亿台，中国智能手机出货量达到 3.96 亿台，占全国手机市场总量的 86.4%[3]。智能手机的成功给整

---

2 联合国宽带委员会，《2017 年宽带状况——宽带促进可持续发展》。

3 中国信息通信研究院，《2015 年泰尔 ICT 深度观察》。

个电子行业带来巨大的想象空间，而 Android 和 iOS 两大操作系统的生态化蔓延，低功耗芯片的不断革新，具有联网功能的智能模块和具备信息处理能力的智能传感器快速发展，内容开发日益丰富，这些都使智能终端开始向平板电脑、智能电视、汽车电子、智能家居、可穿戴设备等领域加速延伸。与此同时，物联网（IoT）[4]也随着传感、芯片、云、移动操作系统等技术的成熟，来到了 Gartner 技术成熟度曲线的第一阶段（触发期）和第二阶段（期望膨胀期）的临界点。2014 年谷歌无人汽车发布后，车联网成为新的热点，传统汽车企业奥迪、通用、奔驰、沃尔沃与苹果、谷歌、英特尔、高通、阿里巴巴等科技企业合作，由“4 个轮子加两个沙发”向“4 个轮子加一台计算机”[5]的转变看起来似乎势不可当。消费产品终端化的同时，在生产端，非数字生产设备通过加装传感器、智能模块，数字化的生产设备通过开发网络接口，使海量的“哑设备”正在成为具备计算、联网能力的新终端。

（3）资源云化

我国的首都国际机场是国际上最繁忙的机场之一，你在那会很容易看到各大云计算厂商的大幅广告，这也从一个侧面印证了云计算的商业化时代的到来。IaaS、PaaS、SaaS 改变了软硬件资源的获取和使用方式，无论是普通用户、软件开发人员还是企业，不再需要购买任何硬件，不必自己建造和管理数据中心，不必购买软件许可证，可以像用自来水、电一样，随用随买，不用关停。云计算解决方案提供商也像自来水厂商、电网运营公司一样，管理着软硬件资源，提供公共产品、公共服务。这种低廉的价格、专业的分工、灵活的资源获取和管理方式，使创业者可以放心大胆地专注于自己擅长的业务，从而加速了今天互联网世界的创业创新。

（4）体系智能化

灵活、弹性、按需、多样……，我相信这样的说法你已经不会感到陌生。当今由“云网端”构成的整个数字空间内，这些标签随处可见，而它们背后的本质，都可以被归结为越来越智能的计算和服务。在网络基础设施层面，软件

[4] 2005 年，国际电信联盟（ITU）发布报告《ITU 互联网报告 2005：物联网》，正式提出物联网的概念。
[5] 中国企业家李书福对汽车的比喻。

定义网络（SDN）与网络功能虚拟化（NFV）使网络设备通用化、软件化，组网变得更加灵活，同一套物理网络可以根据不同的时延、带宽、安全性、可靠性，划分为多个虚拟网络，满足不同的网络应用场景，这种技术被形象地描述为“切片”。在终端层面，正如上面提到的那样，加载了芯片、智能操作系统、App 的设备、产品都成为了“计算机”。而在应用层面，“大数据+人工智能”正在不知不觉中改变着我们的未来。

为了主动适应和引领经济发展新常态，形成经济发展新动能，实现中国经济提质增效升级，2015 年 7 月，国务院印发了《关于积极推进“互联网+”行动的指导意见》（以下简称《指导意见》）。《指导意见》提出了“互联网+创业创新”“互联网+协同制造”“互联网+电子商务”等十一大行动，涵盖了制造业、农业、能源、金融等国民经济的支柱产业，囊括了医疗、养老、教育等与老百姓生活息息相关的民生领域。《指导意见》开门见山地指出，“互联网+”是把互联网的创新成果与各领域深度融合，推动技术进步、效率提升和组织变革，提升实体经济创新力和生产力，形成更广泛的以互联网为基础设施和创新要素的经济社会发展新形态。

历次工业革命、科技革命，都以生产力的提升为发起点和终结点。在不断下降的计算成本、不断增长的异构处理能力、不断提升的网络性能作用下，互联网正成为一项通用目的技术，开始了由消费端向生产端、由生活领域向产业领域的延伸。而在消费与生产这对相互促进、相互依赖的矛盾体之间，作者认为后者应当成为矛盾的主要方面。没有高质量的生产，消费就成为了无源之水、无本之木；没有高质量的生产，我们这样的一个大国便失去了竞争力。相比消费端的“互联网+”像一点就旺的干柴，生产端的“互联网+”则像无烟煤，着得慢，烧得久。能不能实现经济转型，能不能实现生产力的跃升，很大程度上要看互联网在制造业、实体经济的深处将发挥怎样的作用。

2008 年金融危机后，各个国家都重新认识到制造业对经济发展、社会稳定以及国家竞争力的重要性，从扭转经济颓势和抢占未来竞争主动权的双重出发点考虑，出台各自战略。2012 年，美国发布了《先进制造业国家战略计划》；2013 年，德国推出了“工业 4.0”战略，同年，英国推出了《英国工业 2050 战略》；2015 年，法国发布了两年前《新工业法国》计划的升级版，启动“未来工业计划”；同年，日本也发布了《机器人新战略》。2015 年，我国印发了《中国制造 2025》，提出了以加快新一代信息技术与制造业深度融合为主线，以推进智能制造为主攻方向，实现制造业由大变强的奋斗方向。

在生产力层面的新一代信息技术的渗透融合与生产关系层面的国家意志共同作用下，新一轮工业革命孕育兴起。李克强总理曾这样说：“在消费领域，中国‘互联网+’创新已经走在世界前列。今后在工业和制造业领域，也要把‘中国制造 2025’与‘互联网+’和‘双创’紧密结合起来。这将会催生一场‘新工业革命’。”[6]

“新一轮”到底是第几次工业革命？有人说这是第四次，有人说这是第三次。这在学术界或产业界有很大争议。至少，有两次工业革命是大家所公认的。第一次工业革命大约为 18 世纪 60 年代至 19 世纪 40 年代，起源于英国，后传播到法国、美国等国家。“珍妮纺纱机”的诞生和“蒸汽时代”的来临，使工厂制代替了手工作坊，使机器替代了手工劳动，人类生产力取得了前所未有的进步。第二次工业革命大约开始于 19 世纪 60 年代后期，一直持续到 20 世纪，在美国、德国、英国、法国、日本等国家相继开始。技术上，电和内燃机的广泛应用推动了制造、交通、能源、通信全面进步，电灯、汽车、电话、电报、石油化工等新技术、新产品层出不穷；组织上，社会化大生产能力进一步提升，大规模流水线式的工厂取代了传统工厂，生产力和社会财富再一次飞跃。

两次工业革命的共同之处在于，新工具、新产品的诞生和普遍应用，生产组织形式的全面变化，全球财富增量的巨大提升，生产力、产业形态、经济社会乃至国际格局的全面变革，这样的变革要经历几十年甚至上百年的漫长过程。工业革命之所以被称为“革命”，就在于它是对传统的颠覆和再造。新技术、新方式，特别是新观念，被接受和普及都绝非一朝一夕之功，旧模式的转变与淘汰伴随着错综复杂的利益纠葛与矛盾冲突。

今天，信息技术与工业的深度融合，不仅催生了智能工业机器人、智能机床、无人驾驶汽车等一大批新的设备产品，而且使第二次工业革命以来上百年

[6] 李克强总理 2015 年 10 月 14 日在国务院常务会议上的讲话。

的生产形态和组织方式发生了趋势性变化——由大规模同质化生产向大规模个性化定制转变，由集中式生产制造向网络化协同制造转变，由以产品本体制造为中心向“产品+服务”转变，由机器自动化向以万物互联为媒介和以数据为驱动的智能化制造转变。网络信息技术的广泛普及和深度应用，不仅再一次解放了人类的“体力劳动”，而且开始大范围解放人类在生产中的“脑力劳动”，掀起了以数字化、网络化、智能化为突出标志和主要方向的新工业革命。数字化是将物理空间中的实体、状态在数字空间中进行克隆；网络化是建立信息孤岛之间的“数字高速公路”；智能化是建立以数字化、网络化为基础的全流程、全产业链、全生命周期的全系统智能。

在 2015 年 3 月的德国汉诺威消费电子、信息及通信博览会（CeBIT）上，马云发表了开幕式主题演讲，他说：“未来的世界，我们将不再由石油驱动，而是由数据驱动；未来的世界，生意将是 C2B 而不是 B2C，用户改变企业，而不是企业向用户出售。制造商必须个性化，否则他们将非常困难。”制造业，这个人类财富创造的源泉，这个现代文明的支柱，正在被新一代信息技术悄然重塑。传统的思维方式、生产模式、组织形式和商业范式都在发生着进化。这样的进化，在当下的中国，也已经可以找到丰富的案例。

2015 年，中国航天科工集团旗下的航天云网公司正式挂牌，开始打造基于云平台的智能协同制造模式。航天云网期望把消费互联网领域共享经济、平台经济的理念引入制造业，通过云计算、大数据等技术的应用，形成企业设备、软件、产线等资源和能力的开放、集聚与共享，催生新的合作机会，带动传统制造业的商业模式和管理模式创新，倒逼企业进行智能化改造，同时实现制造和服务资源在更大范围的优化配置。简单说来，就是在制造业中，利用云平台，接入云资源，提供云服务。航天云网公司基于自身属于军工单位的特殊性，面向广大民用领域数字化转型的巨大市场，怀揣着打造国际化平台的愿景，分别构建了专有云、公有云和国际云。专有云服务于航天科工集团内部各企业之间的协同设计、协同制造。公有云对外开放，在全国各省市推广，服务于社会化企业的供需对接和资源共享。国际云致力于提升航天云网在全球的影响力，助力国内企业引入国际先进技术和服务。航天云网公司挂牌半年，就有来自机械制造、电气制造、金属制造、纺织、通信等不同行业的60000余家企业注册，撮合合同签订2万多个，金额达到15亿元。该公司在设计、生产、供应、营销、售后等方面都取得了显著的成效。在设计方面，该公司利用云平台提供大型工程软件的租用，使用户企业的使用成本下降了70%；在生产方面，该公司通过网上协同，有效解决了集团内部生产单元产能闲置与超负荷运转同时存在的问题，资源利用率提升了40%，加工生产效率、产品合格率等也都得到明显的提升。

2015年，海尔集团董事局主席、首席执行官张瑞敏，被授予了Thinkers50杰出成就奖之“最佳理念实践奖”，并入选2015年度Thinkers50榜单。Thinkers50创立于2001年，它被誉为管理思想界的奥斯卡奖。现代管理之父彼得·德鲁克、竞争战略之父迈克尔·波特、GE公司的传奇CEO杰克·韦尔奇，以及比尔·盖茨、史蒂夫·乔布斯、杰夫·贝佐斯这些全球IT大佬都曾入选Thinkers50榜单。张瑞敏在获奖感言中说：“我们现在做的是颠覆传统的管理模式，建立互联网式的企业模式。从2012年开始，海尔的主导战略由全球化战略转向了网络化战略。”张瑞敏提出了“三无三化”的目标：“三无”即企业无边界、管理无领导、供应链无尺度；“三化”即企业平台化、员工创客化、用户个性化。推动封闭企业向开放交互的平台型企业转变，由金字塔型管理向扁平分散管理转变，由大规模同质化制造向用户全程参与、以用户为中心的定制化转变。在这个战略思想的指引下，海尔集团开始了一系列基于互联网的变革。变革研发模式，打造开放化的创新平台，接入全球研发设计资源；变革生产模式，打造互联工厂，将设计、研发、销售、用户交互全面打通，由用户发起产品定制；变革组织模式，去掉管理中间层，减少在册员工，培育内部创客，孵化小微企业；变革经营模式，打造电子商务和物流配送平台，接入社会化车辆“车小微”为海尔提供配送并进行分成。以用户为中心的大规模个性化定制，是所有这些变革的出发点，也是海尔集团网络化战略的核心点。这些平台的建设、环节的打通、流程的改造、资源的整合，目标都是为了打造一个用户驱动、共创共享的开放生态环境。

2015年，沈阳机床联合神州数码和光大金控资产管理公司，共同投资成立了智能云科信息科技有限公司。这是沈阳机床由工业制造商向智能制造解决方案提供商战略转型的重要一步。从 2007 年开始，沈阳机床就一直致力于 i5 智能数控机床的研发。所谓 i5，即 industry（工业化）、information（信息化）、intelligent（智能化）、internet（网络化）和 integrate（集成化）。根据作者对 i5 的理解，对这 5 方面进行了延伸，如图 1-3 所示。

i5	industry	工业化基础
	information	信息化流程
	intelligent	智能化装备
	internet	网络化运营
	integrate	集成化管理

图 1-3　i5 智能机床含义

在 2014 年的中国数控机床展上，具备智能编程、实时监控、远程诊断、三维仿真等功能的 i5 机床正式亮相。沈阳机床 i5 生态的第一步是打造具备联网功能的智能机床，他们希望将大量智能终端连接起来进行网络化运营，并形成跨地区的机床互联网，从而在机床领域重现梅特卡夫定律[7]，从产品制造商向集成服务商转型。为了实现这个目标，沈阳机床依托智能云科，开始打造 iSESOL 平台，i 代表智能，SESOL 的意思是 Smart Engineering & Service Online。沈阳机床通过 iSESOL 平台，接入分布在全国各地的 i5 数控机床，根据订单智能匹配产能，大规模订单由需求方周边产能承接，单件或小批量订单也可以在合并汇聚后被接单。用户还可随时、随地、随身查看远程机床的忙闲状况和生产进度，掌握生产信息，制订生产目标，甚至可以根据机床开机时长、加工时长等不同计费模式开展机床的分时租赁。每台机床产生的数据，不再被丢弃和浪费，而是通过上传、汇聚、分析等环节，为设备健康诊断、制造过程优化、管理效率提升、商业模式创新等提供有效的支撑。

通过以上 3 个例子，我们分别看到了新一代信息技术与制造业结合下的要素资源优化配置、管理组织变革与生产方式创新、基于“智能产品+多元服务”的价值空间拓展。这些新模式的背后，体现的是全新的制造哲学，就像精益制

---

[7] 计算机网络先驱罗伯特·梅特卡夫提出，网络的价值与联网的用户数的平方成正比。

造不仅仅是一种制造模式，更是一套管理哲学。

新一代信息技术不但给制造业带来了技术上的进步，而且给人们带来了思维上的转变。前者为“术”，后者为“道”。它不完全等同于标准化、规模化、规范化的传统思维，这种新思维，具备智能、弹性和服务三个基本特征。这对于制造业乃至实体经济的资源组织、要素分配、业务创新来说，既是途径也是目标。

第一个特征，智能是信息时代先进制造的运转形态。智能是信息社会的主题，它的背后是互联网、大数据、人工智能技术的创新与应用。从 20 世纪八十年代起，智能化就成为制造业持续追求的目标，多智能体、虚拟制造、集成制造、分布式数控、人机协同等新型技术、模式和构想，实现自诊断、自决策、自组织、自学习等一直是智能制造的努力方向。但这种智能制造没有超越工厂级自动化的范畴，更多局限于设备层和系统层，或者说始终停留在自动化制造的延伸线上。

从今天到未来的智能，是广泛联网下基于大数据全样本的深度智能，是从单个设备运行到整体商业运营的全面智能，是全民参与、面向全产业要素配置的社会化智能。这种智能已经超越了单纯工业自动化的范式，仅仅依靠老牌的工业控制解决方案提供商不可能实现。于是我们看到大大小小的软件商、通信商、服务商，它们以前所未有的热情参与到这种全新的智能化进程中，不断冲击着传统工业几百年构筑起的封闭城墙。

从事工业相关活动的各级决策者，他们想要不被淘汰，必须或主动或被动地接受这样一个观念并去指导实践，那就是如何使自己所在的环节以及在本环节与外部环节的交互中，不断尝试使用智能化的手段，实现更高效率的管控、更低成本的组织和更逼近真实的预测。

第二个特征，按需是信息时代先进制造的交互导向。供需不匹配是长期困扰经济活动决策者、参与者的一大“顽疾”，特别是在工业活动中，供需不匹配的情形非常多，一个典型的例子就是一些企业由于无法实现销售动态精准调整而带来的库存积压。供需不匹配的原因可以归结为两种：信息不对称和能力不满足，如图 1-4 所示。

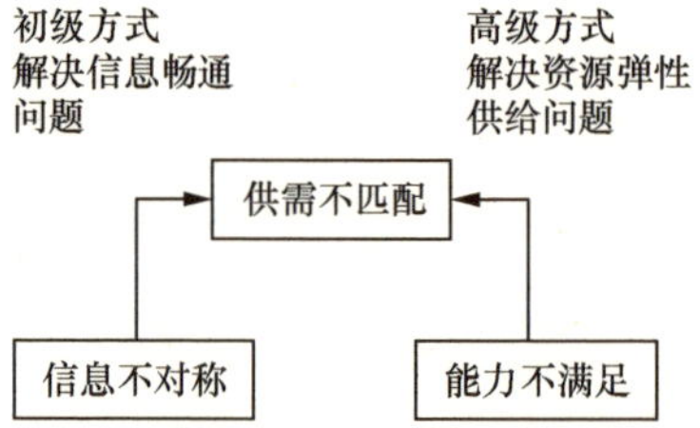

图 1-4　供需不匹配的原因与解决方式

信息不对称自古以来就是经济、社会中存在的客观现象，甚至可以说，信息不对称推动了人类社会的进程，信息不对称影响战争成败就是典型的例子。信息不对称不可能被消除，因为存在主观因素导致的不对称。但互联网技术可以很大程度地弱化地理、时间等客观因素导致的信息不对称，使生产者和消费者的交互渠道更加直接、扁平、低成本。但这只是利用信息技术实现供需平衡的初级方式——解决信息畅通的问题。

能力不满足，即面对供需之间的变化，受资产拖累、既成布局、行为习惯等影响无法对资源预先安排进行动态调整。在工业生产中，对资源配置的数量、比例、方式往往需要预先确定，但面对外在变化，企业往往缺乏弹性，陷入两难境地。信息技术的一大理念就是解耦，越是松耦合，灵活性越强——毕昇的活字印刷也许可以称得上是信息领域最早的解耦。解耦是通过应用载体与应用本身相剥离，资产专用性减弱而适配性增强，实现轻量化，进而有可能根据需要进行灵活配置和调整。比如，云计算使软硬件资源可以像用电或用水一样弹性分配，开发者和运营者不再需要预先花费昂贵的购置费用，其在实现企业轻资产转变的同时可以更加专注核心业务本身。再比如，SDN/NFV 实现了数据与控制的分离、应用与系统的分离、软件与硬件的分离，网络资源因而能够按需、灵活地进行调配。信息技术实现供需平衡的高级方式——解决资源弹性供给问题。

曾经，ICT 领域大量借鉴工业工程思维，催生了软件工程这门学科；今天，ICT 领域的开发运营新理念、新模式正随着技术本身不断运用，工业的思维方式被改造。从 SaaS、PaaS、IaaS 到制造即服务、设备即服务，从软件定义网络到软件定义机器、软件定义世界，以租代买、按需获取、软硬分离、动态调整，这些将逐渐成为企业管理者的思维逻辑，反过来企业管理者不断尝试利用信息技术在这些方面的优势来组织资源，安排生产，开展业务。

第三个特征，服务是信息时代先进制造的价值主张。关于服务的定义有很多。服务是提供方为了满足接受方需要而进行的无形交互过程。服务的特点，一是按需，如果不是用户自身所需或者创造出用户所需，那便不是服务；二是交互，服务应当是双向的而非单向的，这是供求双方形成闭环的前提；三是无形，这是服务与大多数产品的一个区别，即产品具有有形实体（软件产品是个例外）；四是过程，这是服务与产品的另一个区别，其过程具有持续性，而产品本身则是离散性的，以离散性的产品为节点，形成持续性的连线，就实现了基于产品的服务。

传统制造业主要以产品为价值承载，产品销售到用户手中，往往意味着价值链的终点。在信息技术广泛深度应用的条件下，“产品+服务”成为制造企业价值追求的“双核”，服务化的思维注入生产经营的全过程。如果以产品交付为节点，在这之前，我们利用互联网将用户纳入设计研发体系，实现按需的个性化定制，本身就是一种服务思维导向的体现；而在这之后，产品又成为服务延伸的桥头堡，企业通过可联网的产品与用户开展一系列深度交互，这样的过程使线性的价值链变为循环的价值环，“开链”成为了“闭环”，从而创造更多新的价值。比如，厂商通过产品运行数据的实时反馈、计算分析，为用户挖掘潜在的风险，产品出现故障所带来损失之前就提供预测性维护，从而节约双方成本；厂商还可以通过产品的数据反馈，改进或完善产品的研发设计，加速新品的迭代；定价方式可以以服务为导向，比如飞机发动机制造商不是通过销售发动机，而是通过租用后的服务来盈利，当然这样的定价模式更适用于高价值产品。

总而言之，有之以为利，无之以为用，正是无形的、持续的、深度的服务，为制造业的保值/增值盘活了存量，扩大了增量，而越是高价值产品，其相关服务所能拉动的价值增量越大。同时，“产品+服务”的价值主张也使供需双方的关系变得更加紧密，最终模糊了制造业与服务业之间的边界，甚至给未来的产业划分、统计体系带来了新的影响。

先进制造业的发展将更加追求质量和效益，而不仅仅是规模和数量，将更加追求对人的解放，体现人文关怀，而不仅仅是对人的替代。随着深度感知、泛在互联、智能交互的技术应用不断升级，以及智能化、服务化、弹性化的思维理念不断普及，制造业乃至整个传统产业终将在市场机制下更有计划地生产和管理。最终人类生产将从农业时代的供给不足、工业时代的产能过剩，演化到信息时代供需之间实现快速响应下的动态平衡。

2. 工业互联网的缘起

日益活跃的互联网创新应用与大幕拉开的新一轮工业革命，共同催生了本书的主角——工业互联网。它也成为了“互联网+”行动计划与《中国制造2025》两份文件中的一个结合点。

关于工业互联网的故事，还要从它的“近亲”——CPS说起。2006年，美国国家科学基金会（NSF）提出了名为Cyber Physical System（CPS）的新技术，他们认为CPS就是Cyberspace中的通信、计算和控制与实体系统在所有尺度的深度融合。对于CPS的中文翻译，至今仍然是国内外学术界、产业界的一个争议问题。有些人，特别是长期从事这项技术研究的专业科研人员，主张直译为赛博物理系统。显然，赛博一词在中文里是一个很抽象的表述，必须对其进一步解释。因此更多的人（大部分是非技术人员）主张叫信息物理系统，这样更直观、易懂。但是反对者认为把Cyber翻译成信息，就忽略了Cyber的计算、通信、控制三位一体的内涵，明显是把Cyber狭义化了。CPS的推动者、美国辛辛那提大学的李杰教授，在《CPS：新一代工业智能》一书中写道：“企图给CPS一个准确和能被广泛接受的定义，难免会陷入泛学术化的技术流派间的争论，这对CPS的发展和应用并不会起积极作用。所以，CPS到底是什么技术并不重要，理解CPS的意义和目的更加重要。”

CPS作为计算资源与物理资源实现紧密结合与协调的下一代计算技术，作为赋予机器设备感知能力、认知能力、预测能力和决策能力的先进智能技术，作为数字世界与物理世界深度交互、映射的颠覆性技术，很快得到了各国的高度重视。2007 年 7 月，美国科技顾问委员会发布报告《挑战下的领先——竞争世界中的信息技术研发》，给出了八大关键信息技术，CPS 位列首位。从 2006 年至今，美国国家科学基金会已经连续 13 年对 CPS 项目给予重点支持，2018 财年，CPS 相关领域将有大约 10 个小项目、20 个中等规模项目和 2 个大项目总计 2950 万美元的资助。

德国也注意到了 CPS 的前沿性和重要性。德国为了通过技术创新巩固全球竞争力，2010 年提出了“德国 2020 高科技战略”。工业 4.0 成为了德国高技术战略 2020 的一部分，其核心就是 CPS。在德国工业 4.0 工作组于 2013 年发布的《关于实施“工业 4.0”战略的建议》中，CPS 一词出现了多达 69 次。这份报告中这样写道：“不久的将来，企业能以 CPS 的形式建立全球网络，整合机器、仓储系统和生产设施。在制造系统中，这些 CPS 包括智能机器、存储系统和生产设施，它们能够互相独立地自动交换信息、发出动作和控制。”自工业 4.0 提出以来，业界对其三大集成的理念耳熟能详，即通过价值网络实现的横向集成，横跨整个价值链的工程端到端的数字化集成，垂直集成和网络化的制造系统（纵向集成）。而这三大集成的目的就在于“实现一个双重目标”，一方面德国要做智能制造技术的主要供应商，另一方面要为 CPS 技术和产品创建新的领先市场。

我们回看美国、德国都在布局的 CPS 技术，其实不难理解，CPS 的本质与工业互联网的本质是一致的。CPS 是支撑各产业的技术。在工业互联网中，制造业作为门类最多、支柱作用最突出、与机器关联度最高的产业，自然而然成为 CPS 应用中最为重要的一个领域。

GE 在 2012 年提出了工业互联网一说。其实早在 2004 年，上海一家中国软件企业的相关技术人员就提出了工业互联网的概念，并致力于将工业设备与互联网互联互通。他们认为从技术的层面，工业互联网的应用属于一个交叉性学科的综合应用，涉及工业信息安全、网络通信技术和广域自动化三个技术领域。这三个技术融合在一起，才能构成一个工业互联网的基础架构。同时，他们还提出从两个角度理解工业互联网：一是依托公众网络连接专用网络、局域网；二是以生产自动化为基础，实现企业全面信息化，然后再实现工业互联网。

毫无疑问，上述提法很具有想象力和前瞻性。但是该软件企业毕竟没有GE这么大的人力、物力、财力，特别是影响力，他们很难将工业互联网变成全球瞩目的焦点。GE到底有多庞大？发明大王托马斯·阿尔瓦·爱迪生创立的这家百年老店，业务覆盖了航空、能源、医疗、金融各大高端领域，拥有30多万员工，遍布100多个国家，是全球最大的多元工业企业，是自1896年道·琼斯工业指数设立以来在榜时间最长的公司。当然，更重要的是受制于当时的技术条件和网络普及率，我们想要发展工业互联网，哪怕只是愿景中的一小部分都是不可能的。当时的互联网尚处在青春期，更不用说工业互联网。要知道，2004年全国的上网用户还不到1亿人，中国最著名的互联网公司仍然是三大门户网站，全球活跃用户最多的在线游戏同时在线人数也仅仅为70万人。

我们不得不承认，是GE使工业互联网变成了一个全球性的概念。GE时任CEO杰夫·伊梅尔特（Jeffrey R. Immelt）也当之无愧地成为全球工业互联网探索实践的重要先驱者。早在2011年，GE就在硅谷成立了软件研发中心，启动了平台、应用、数据分析等方面的开发工作。2012年，GE发布了开启数字化转型战略的“宣言书”——《工业互联网：突破智慧和机器的界限》。在这份报告中，GE给出了他们认为的工业互联网。

报告中写道：“我们审视了新一波生产力水平提高的潜在可能性。特别强调将工业革命的成果及其带来的机器、机组和物理网络，与近期的互联网的成果——智能设备、智能网络和智能决策融合到一起。我们将此融合称作‘工业互联网’。

工业互联网是数据流、硬件、软件和智能的交互。

它（工业互联网）将彻底改变我们的工业发展与生活方式，促进人脑与机器的互动与融合。”

GE对工业互联网未来的市场份额给出了大胆的设想：到2025年，工业互

联网将创造 8.2×10^5 亿美元的经济价值（约为全球经济总量的二分之一）。GE 时任 CEO 伊梅尔特提出了著名的“1%的威力”。工业互联网提升 1%的效率意味着什么？商用航空领域每节省 1%的燃料意味着未来 15 年能节省 300 亿美元的支出；全球燃气电厂运作效率提升 1%意味着将节省 660 亿美元能耗的支出；医疗保健行业效率每增长 1%将节省 630 亿美元；全球铁路网交通运输效率提高 1%将节省 270 亿美元的能源支出。

这份报告在畅想了未来广阔的发展前景后，也发出这样的提醒：工业互联网将是一项需要投入大量人力、物力的工程。当然，他们也已经做好了准备，开始了倾力投入。2013 年，GE 开始打造第一个具有全球影响力的工业互联网平台 Predix。同年，GE 联合 EMC、VMware 共同投资成立了 Pivotal 公司，致力于为企业级用户打造云平台和大数据平台。这家高科技公司的产品包括 PaaS 平台 Cloud Foundry、微服务、大数据开发框架、Java 开发框架 Spring 等一系列开源基础技术，这些技术都成为后来我国力推的工业互联网平台所依赖的底层核心技术。2014 年，GE 联合 AT&T、思科、IBM、英特尔发起成立了工业互联网联盟（Industrial Internet Consortium，IIC），这个联盟此后发展成为全球工业互联网影响力最大的产业推进组织。2015 年，GE 成立数字化集团 GE Digital，各业务部门开始逐渐将软件部署到 Predix 上。2016 年，GE 正式对外开放 Predix 平台。至此，GE 先后在 Predix 上投入多达数十亿美元的资金，他们期望到 2020 年，Predix 对 GE 整个软件收入的带动，能够从 2015 年的 50 亿美元提升至 150 亿美元。Predix 给了产业界一个对标的标杆。

有一个细节值得注意，工业互联网的英文名字为 Industrial Internet。Internet 的首字母是大写的。这个单词第一个字母是否大写有着不同的含义。当首字母小写时，即 internet，它是用一个共同的协议族把多个网络连接在一起，进而形成网络的网络，简称互联网。也就是说，两个及以上任意规模的计算机网络只要被联起来都可以被称作 internet。而首字母大写的 Internet，则被称作“全球互联网”或“因特网”，专指世界范围内通过 TCP/IP 互相通信的所有主机的集合。Internet 是世界上所有网络的网络，对使用者而言，无需关心每个子网络的差异和技术细节，他们看到的都是统一的全球互联网。很显然 Internet 是

internet 的一个子集。工业互联网被写成 Internet，表明了它的设计者或者宣传者们，从一开始就希望打造一个像因特网那样，具备全球化联接和覆盖能力的超级大网络。如果没有跨地域、跨领域、跨生产消费两端的可能，那么它与工业以太网、现场总线这些传统意义上的工业控制网络或企业内网的 Intranet 又有什么分别呢？

现场总线是 20 世纪 80 年代中后期，随着计算机、通信、控制和模块化集成等技术发展而出现的一门新兴技术，是被用于生产现场，在现场设备之间、现场设备与控制装置之间进行双向、串行、多节点数字通信的技术，目前流行的现场总线技术已达 40 多种。工业以太网是符合 IEEE 802.3 标准，用于工业自动化环境的以太网技术，是办公自动化向工业自动化的延伸。由于工业以太网是对以太网技术的扩展，具有传输速度高、易于实现工业控制网络与企业信息网络的无缝集成、软硬件成本低等优点，符合 IP 到底、一网到底的愿景，被普遍认为是未来工业控制的最佳解决方案，也成为工业互联网的重要技术支撑。企业内网被称为 Intranet，是 Internal Internet 的缩写，是应用 Internet 中的 Web 浏览器、Web 服务器、HTML、HTTP、TCP/IP 和防火墙等技术，建立的供企业内部进行信息访问的独立网络[8]。

Industrial Internet 应当说是一个借喻。工业互联网的实质是 internet，它无论在物理上还是逻辑上，都不是一张统一的网络。这是与因特网（Internet）最大的区别，因特网在逻辑上是全球一张网，理论上全球互联网上任何两个节点都可以互联互通。而工业互联网是面向工业场景的网络的集合。有多少场景，就可能有多少张“工业互联网”。每一张“工业互联网”的范围有多大，取决于需要连接对象的种类、数量、地理分布、实时性要求等诸多因素。

Industrial Internet 以 Internet 为比喻，本质上却是 internet（不只一张 internet）。而因特网自身作为一项技术，也是工业互联网的实现方式之一。

[8] 李正军，《现场总线与工业以太网及其引用技术》。

3. 名与实

20 世纪 80 年代末、90 年代初，互联网开始商用，其概念也变得越来越泛化，在不同的场景下指代不同的对象。有时它是基础设施，有时它是应用，有时它又代表了一种文化或者思维方式。移动互联网（Mobile Internet）、物联网（Internet of Things）则不同，它们并非独立的技术，更多的是从业务、应用出发，借用了互联网的名字。它们都可以被视为互联网的延伸和扩展。当用户端不用固定在一个地方而是可移动时，它就是移动互联网，它被应用到无线通信和智能终端上。当用户端从人与人延伸扩展到了人与物、物与物时，就出现了物联网，它应用了传感、识别、无线通信等技术。我们可以看到，互联网世界的名词有两种：一种是自底向上从技术本身出发的概念；一种是自顶向下从商业应用出发的概念。

那么工业互联网究竟是技术还是应用呢？

消费互联网的爆发式增长，让人们认识到了梅特卡夫定律的威力——网络的价值与联网的用户数的平方成正比。在工业生产中，当各种各样的系统不断丰富时，人们发现这些系统越来越成为数据的孤岛，它们之间难以互通，缺乏互动，潜力远远没有被释放出来。人们开始希望把这些数据孤岛连接起来，建立一个像 Internet 那样的数据高速公路，将分布在各处的产品、设备、系统、人全部连接起来，使它们都成为联网的用户，从而释放更大的网络规模效应，从而实现人们构想的需求拉动式生产、网络化生产、智能化生产、远程设备诊断、企业协同制造等新的制造模式。

若要打造这样的数据高速公路，面临 3 个问题必须解决：一是企业内部的网络化需要进一步提速，大部分工业企业，基本的信息系统尚不健全，更谈不上联网；二是 IT 层与 OT 层需要打通（后面我们会看到 IT 层与 OT 层的区别），并将网络连接末梢进一步延伸；三是企业内部不仅要与人、机器联网，还要与产品联网。这样一来，原有的自动化、通信、信息技术都出现了一定的局限性，无论是技术本身还是从概念边界上，这些技术都不能涵盖人们的设想。从顶层的商业应用模式出发，各类技术被“打包”起来，形成一个跨界交叉的技术簇，并由一个新概念统合，实现上述目标。这个新概念就是工业互联网。

因此，“工业互联网”这个词从出现伊始就不代表技术，它为了形象直观，是借用“互联网”一词“包装”起来的商业应用。它甚至没有专属于自己的原生技术，即实现这种应用的计算机技术、网络与通信技术、控制技术、传感技术，甚至包括大量“新技术”，如CPS、人工智能、云计算、大数据都是“工业互联网”一词没有出现之前就早已存在并不断演进的技术。

这种从商业应用角度出发的概念有一个好处：它可以动态地将不断发展的相关技术都纳入自己的体系。比如，2016年爆发的人工智能、2017年火热的区块链都迅速被纳入工业互联网的支撑体系中。但这也存在一个显著的弊端：现行的产业结构划分是与学科门类紧密相关的，但对于工业互联网这样一个动态的、融合的事物来说，很难确定它的边界在哪里。这就导致对工业互联网产业的度量、评价、比较存在很大的不确定性。

正因为是商业应用，而非技术学科，人们对于“工业互联网”一度产生了很大的分歧。许多人主张应当发展产业互联网，也有许多人主张发展工业物联网。再加上“互联网+制造”“互联网与制造业深度融合”、数字化制造、智能制造以及我们前面介绍过的CPS等，一时间关于“谁包含谁”“谁侧重什么”的讨论不绝于耳。但是，有一点是明确的，工业互联网代表的实质是将不断发展的信息技术融入生产体系（如制造、能源）、基础设施（如交通、电网、城市建设）、机器设备（如机器人、医疗、仪器仪表）中，实现创新链、价值链、产业链的循环与贯通，构建物质空间与数字世界的映射交互，将数据这一被誉为“石油”“金矿”的资源转变为现实生产力，将只有机械动作、缺乏“灵魂”的机器设备赋予智慧，从而进一步解放体力劳动和脑力劳动，提升产业的附加值，创造新的财富，这也是产业发展的原动力和大方向。

那么为什么说工业互联网所代表的未来趋势不会变？

从历史视角看，这是现代工业以信息通信技术为关键驱动的延续。信息通信技术自诞生以来高速发展，其展现出强大的外部性，成为全球研发投入最集中、创新最活跃、应用最广泛的通用目的技术。信息通信技术像电力一样，全方位支撑着人类的生活与生产，工业自然不能例外。如果我们回顾过去半个世纪，工业领域引入信息通信技术实现自动化、信息化的历程就会发现，当下的云计算、大数据、物联网、人工智能被“嫁接”到工业界，是历史规律的延续。新的信息技术自走出实验室那天起，都会在 10 年内成为工业领域的使能技术，或应用于研发设计，或应用于机器设备，或应用于经营管理，如图 1-5 所示。

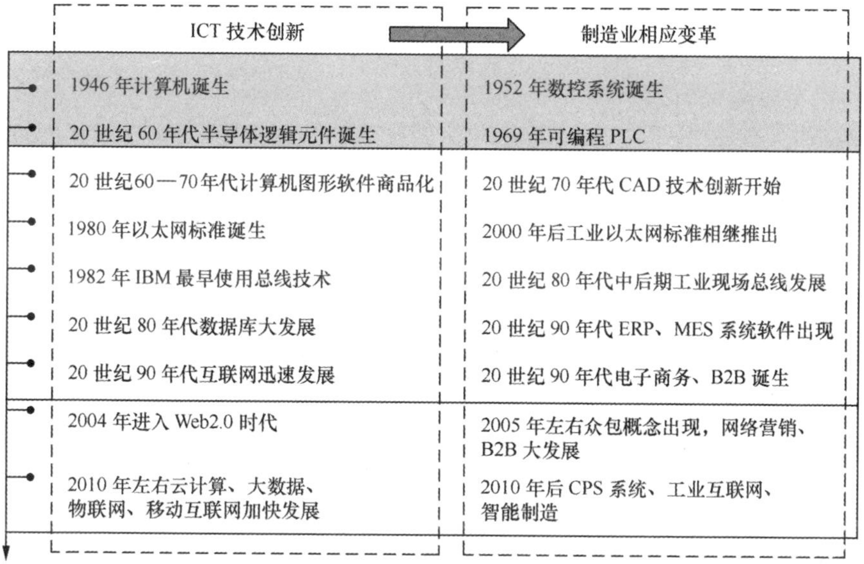

图 1-5　规律——新的 ICT 技术几乎会在 10 年内给制造业带来新的变化

首先单元级的设备数控化。1952 年麻省理工学院利用电子计算控制技术研制出了第一台数控机床，此后在编程技术、数字计算、半导体逻辑控制等信息技术的推动下，工业机器人、过程控制计算机、PLC 等现代工业关键设备也相继出现，工业生产开始进入数控化时代。接着，是产线级的柔性化。1965 年，英国的莫林斯公司研制出了第一套柔性制造系统。随后，美国、日本、德国等国家纷纷着手加强柔性制造系统的研究和产业化发展，实现了数控机床、机器人之间的数据通信，推动了自动化、无人化车间的发展。紧跟着，是部门级的集成数字化。20 世纪 60 年代，麻省理工学院诞生了第一款 CAD 软件。20 世纪

70 年代，随着 CAD 技术自身的进步，以及软件工程、图形图像、数据库等软件技术的兴起与成熟，CAD 商用化时代来临，CAE、CAPP 等系统也不断成熟，制造业逐步进入计算机集成制造阶段，再后来，开始了企业级的管理信息化。20 世纪 90 年代，互联网开始商用，桌面操作系统快速发展，信息处理速度飞速提升，信息时代来临。ERP、MES、PLM 等各类大型软件系统纷纷投入应用，制造企业的生产管控和组织管理能力得到全面提升。现代工业数字化的演进历程如图 1-6 所示。

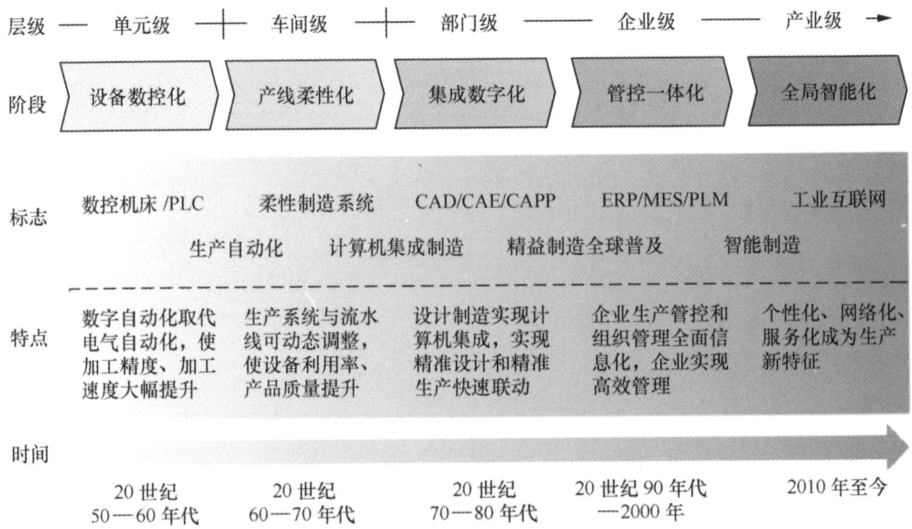

图 1-6 现代工业数字化的演进历程

换个角度看，信息通信技术与工业领域始终沿着两条路径在结合。一条是向上层，与思维空间相结合，处理各类信息，解放人的脑力劳动，因此诞生了 CAD、ERP、PLM 等各类信息处理系统，这些“三字经”构成了今天工业活动下的 IT（Information Technology）层，也成为软件科学的范畴，并广泛应用于商业活动或企业办公，如财务系统、人力资源、邮件系统、数据分析等，数据安全是其关心的重点。另一条是向底层，与物理空间相结合，处理各种操作控制，解放人的体力劳动，出现了数控机床、可编程逻辑控制器（PLC）、分布式控制系统（DCS）、监控与数据采集系统（SCADA）、现场总线、工业以太网等，这些形成了 OT（Operational Technology）层，成为自动化学科的范畴，在工业中用于生产设备、生产过程、生产环境的检测与控制，系统的可用性是重点。

在对质量、效益的持续追求下，IT 层与 OT 层有着联通在一起的要求和愿景。作为计算机集成制造的关键组成——制造执行系统（MES）是 IT 层与 OT 层打通的体现。早在 1990 年，美国先进制造研究会首次提出 MES 概念时，就将其定位为“位于上层的计划管理系统与底层的工业控制之间的面向车间层的管理信息系统”[9]。在今天，物联网、云计算、大数据，为 IT、OT 这一愿景的延续增添了新的动力、新的内涵，不单单要进一步扩大跨层级的深度，还要扩大范围，实现跨系统、跨地域、跨产业链。因此，工业互联网并非凭空想象，它是信息通信技术在工业领域不断应用和发展的必然结果。

从产业背景看，这是制造业与信息通信产业“两情相悦”的必然结果。无论是作为破解当前困境的被动选择，还是作为抢占新机遇的主动开拓，工业互联网在网络、计算、数据、服务、产品等各个方面创造出来的市场空间，对制造、通信、互联网等来自不同领域的淘金者都产生了巨大的吸引力。

金融危机以来，传统制造业陷入发展瓶颈。供给失衡，需求不振，上一轮技术创新对制造业的拉动作用逐步减弱，全球制造业生产效率的增长显著放缓，2013 年 OECD（经济合作与发展组织）国家生产效率增长仅为 0.5%，明显低于之前平均 2%的水平。在此背景下，制造业被重新重视起来。过去“去工业化”的国家，比如美国、法国等国家开始推进“再工业化”，吸引制造企业回流本土，吸纳就业，促进增长；而对德国这样本就重视制造业、以装备出口为导向的国家来讲，需要在海外需求陷入低迷的情况下设法开辟新的盈利空间。一批先导型制造企业开始从移动通信、云计算、大数据、人工智能等新一代信息技术中寻找高端化、智能化、服务化的发展模式，它们成为工业互联网最积极的推进者，比如美国的 GE、德国的西门子。

另外，移动通信、物联网、智能终端的发展，让人们坚信，未来的世界一定是万物互联的。工业作为机器设备数量最庞大、种类最多样的领域，成为那些想要在万物互联时代抢占主导权的信息通信企业绕不开的必经之路。老牌电信运营商近年来受到互联网新贵的压迫，迫切希望从工业互联网的大连接中找

[9] 王爱民，《制造执行系统（MES）实现原理与技术》。

到新的出路[10]，如我国三大电信运营商、美国的AT&T。大型互联网和科技企业也瞄准了制造业的广阔市场蓄势待发，其携云计算、大数据、人工智能技术产品优势相继入场，如亚马逊、阿里巴巴、华为。企业级ICT服务商，延续自己在工业界长期耕耘的积累，加速面向互联网时代的企业级产品和服务升级，如美国参数公司（PTC）、IBM、德国SAP。

[10] 2015年，BAT（百度、阿里、腾讯）的平均营收增速已经达到32.4%，是中国移动、中国联通、中国电信三大运营商的5.1倍，平均净利润达到50%，是三大运营商的4.5倍，总市值4890亿美元，是三大运营商的1.3倍。2015年下半年开始实施的提速降费、京津冀漫游费取消、流量不清零等一系列政策，在服务社会的同时，客观上增加了运营商的压力，仅流量不清零一项就使之减收大约230亿元。

第 2 章

2016——蓄势兴起，工业互联网开始驶入快车道

它（新兴的信息革命）不是一场技术、机械、技巧、软件或速度的革命，而是概念的革命。

通常，外来的技术会迫使整个行业学习、获取、适应和更新观念。

——彼得 · 德鲁克[1]

[1] 彼得 • 德鲁克（1909—2005 年），被誉为现代管理学之父。

1. 产业联盟

2016 年，美国主导的工业互联网联盟（Industrial Internet Consortium，IIC）与德国工业 4.0 平台实现强强联合。

IIC 成立于 2014 年，由 GE、微软、AT&T、IBM 和思科共同发起，并由对象管理组织（Object Management Group，OMG）进行管理。OMG 于 1989 年成立，它是一个非盈利性的国际化计算机行业标准协会，总部设在美国尼德姆（Needham）。该组织具有较大的全球影响力，发布了包括 UML（Unified Modeling Language，统一建模语言）、XML（eXtensible Markup Language，可扩展标记语言）、MOF（Meta Object Facility，元对象工具）等一系列对全球计算机发展具有深远意义的标准。IIC 成立后，由最初的 86 个会员迅速扩展到来自 31 个国家和地区的 260 余家会员，其中包含微软、高通、SAP、博世等一大批世界 500 强企业、全球知名品牌 100 强企业，以及约翰霍普金斯大学、宾夕法尼亚大学等知名高校，尽管后来创始者 AT&T、思科以及一度担任 IIC 核心管理机构——指导委员会——主席单位的施耐德电气退出了 IIC（他们仍然在以自己的方式继续布局各自的工业互联网业务），但这仍然不影响 IIC 成为全球推动工业互联网发展最活跃、最具影响力的产业组织。我国的中国信息通信研究院、华为、中兴、中国电信、中国移动等企业也都加入了 IIC，华为还成为核心贡献企业，并进入了 IIC 的指导委员会。IIC 成立了市场组、技术组、测试床组、安全组、商业战略与生命周期、联络函六大工作组和若干任务组，通过测试床、应用案例等在全球范围内开展产业合作，实现技术方法、解决方案和标准需求的输出。

2015 年 6 月，IIC 发布了工业互联网参考架构 IIRA（Industrial Internet Reference Architecture）。该架构从控制、运营、信息、应用和商业五个维度，描述了工业互联网的系统功能组成。参考架构代表工业互联网的顶层设计，它是描绘工业互联网的组成要素、关注重点、运行逻辑、实现路径、发展目标、推进阶段的总体视图，也为后续的标准制订、产业布局、利益边界给出总体框架。因此，制订发布参考架构成为各大产业组织的首要工作，后续的标准研制、测试床部署、互操作、产业合作等都以参考架构为参照。参考架构也并非一成不变，根据技术产业的推进，IIC 也在升级其参考架构。2017 年 1 月，IIC 发布了新版的参考架构。新版参考架构划分了商业视角、使用视角、功能视角、实现视角四个层级。

德国工业 4.0 平台比 IIC 成立还要早一些。2013 年 4 月，德国机械及制造商协会（VDMA）、德国电气电子行业协会（ZWEI）和信息技术协会（BITKOM）联合成立了工业 4.0 平台。2015 年 3 月，德国经济与能源部、德国教育和研究部接管了工业 4.0 平台。到 2015 年年底，该平台已经吸纳了 100 多家机构，其中包括博世、奥迪、巴斯夫、SAP、空中客车、ABB、GE 等一大批制造业巨头。工业 4.0 平台的成员大部分是制造企业。工业互联网既是处于需求侧的制造企业利用新一代信息技术，变革生产方式、经营方式、商业模式以实现提质增效升级的必然途径，也是处于供给侧的各类解决方案企业，抢占万物互联市场的必争之地。这些供给侧企业中，有与工业一直密切相关的自动化解决方案提供商，比如西门子、施耐德、ABB，也有长期开展企业级业务的软件解决方案提供商，比如 IBM、Oracle、SAP，还有开辟新市场的云计算、物联网、通信解决方案提供商，比如微软、思科、英特尔、高通。美国在互联网、人工智能、软件、芯片、通信等方面拥有全方位的领先优势，全球信息技术 50 强企业超过一半在美国。德国尽管也有 SAP 这样的优秀软件企业，但它的工业解决方案和制造企业更具全球影响力。IIC 的两大主要推进组织的成员，也从一定程度上反映了各自的长项，这也为后续的对接提供了潜在的可能。

政、产、学、研联合的工业 4.0 平台成了推进德国工业 4.0 顶层设计、标准制定、产业发展、协同合作、最佳实践推广的重要组织。2015 年 4 月，工业 4.0 平台发布了参考模型 RAMI4.0，它将以信息物理生产系统（CPPS）为核心的智能生产功能应用于全生命周期价值链和工业系统的各个层级中。所谓 CPPS，即用于生产领域的信息物理系统 CPS，本质上与工业互联网一致。

2016 年 3 月 2 日，IIC 与工业 4.0 平台的代表在瑞士苏黎世会面，双方就参考架构 IIRA（Industrial Internet Reference Archititeture）和 RAMI4.0（Reference Architecture Model Industrie 4.0）的互补与对接达成了共识，如图 2-1 所示。这样的对接预示着全球两大产业组织建立了可共通的话语体系，就各自的侧重点和双方的互补达成了一致。

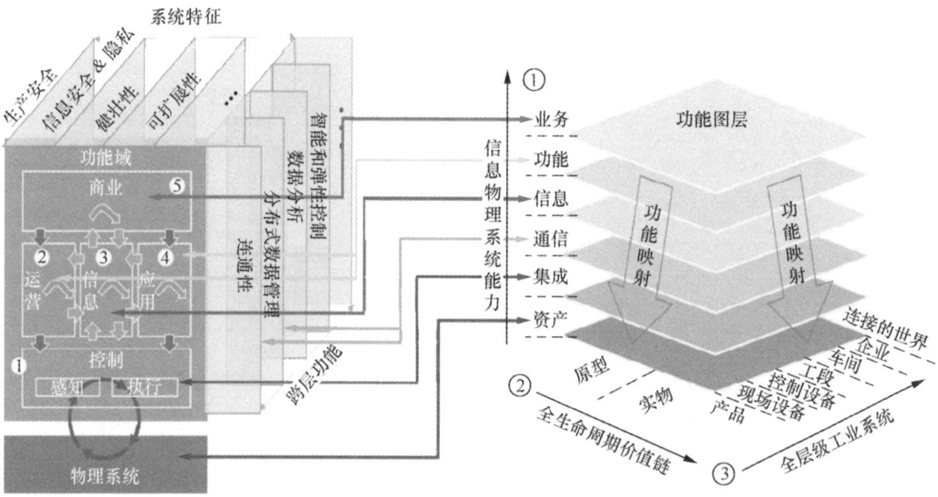

——图片来源：中国信息通信研究院

图 2-1 IIC 参考架构 IIRA（左）与工业 4.0 参考架构模型 RAMI4.0（右）的映射

2016 年 4 月，在德国汉诺威工业博览会上，IIC 与工业 4.0 平台的代表共同发表了主题演讲，它们希望发挥两大产业组织的综合优势，简化技术选择，提升互操作性，加速全球技术的标准化，双方正式实现了强强联合。IIC 发挥信息技术在制造、能源、医疗、交通运输、公共服务五大产业领域中综合布局的优势，突出领域间、产业间、企业间的网络互联、数据集成处理与产业链协同。工业 4.0 平台发挥制造优势，专注下一代制造，突出制造业在产品、设备、组织、过程等方面的数字化、网络化和智能化。双方在业务领域上形成横纵互补的 T 型合作，如图 2-2 所示。有趣的是，这个 T 是逆时针翻转 90 度的 T，表明双方的合作是建立在平等基础上的，避免突出了谁比谁更加重要。

2016 年 5 月，IIC 和工业 4.0 平台的相关负责人在芝加哥共同制订了三年合作路线图，将双方合作议题细化为 IIoT 解决方案、架构对接、测试床、标准和互操作需求、安全、路线图 6 个合作工作组（JTG），每个工作组由来自双方的人员共同领导，其中测试床成为两大组织合作由共识形成到落地实施的重要抓手。测试床是对新技术、新产品、新标准、新模式进行面向应用的测试和试验，是参考架构在产业界具体应用落地的样板与示范，它为商业转化做前期验证，从而实现从 0 到 1 的突破。两大组织都将测试床作为重点工作。工业 4.0 平台已经建立了 30 多个工业 4.0 测试床，IIC 也通过了 28 个测试床，其领域覆盖网络、制造、能源、农业、电网、供水等。2016 年 6 月，在东京举行的 IIC 季度会上，德国博世公司作为 IIC 与工业 4.0 平台间合作的重要桥梁，宣布了两大联盟正以在德国洪堡的博世工厂为依托，共建首个“智能制造设备维护（Smart Manufacturing Facility Operation）”测试床。该测试床基于 IIRA 架构，探索如何优化生产计划排产并降低峰值能源的消耗。

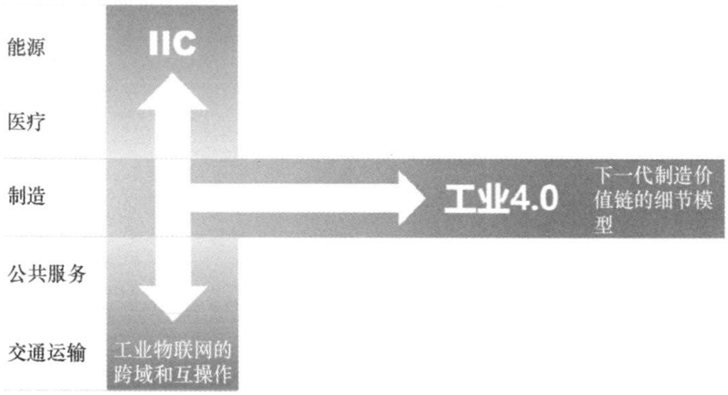

——图片来源：工业互联网联盟（IIC）

图 2-2 IIC 与工业 4.0 平台互补

2015 年 6 月，53 个由日本经济贸易产业省和日本机械工程师协会为支持背景的制造商联合发起成立了日本工业价值链促进会（Industrial Value Chain Initiative，IVI），很快，IVI 就吸引了 200 多家企业加入，包括丰田、尼桑、本田、东芝、富士通、索尼、尼康、欧姆龙、马扎克等。IVI 致力于将制造业与信息技术融合，它们提出在宽松的标准下（loosely defined standard）通过收集、借鉴、提炼不同公司的具体生产场景，形成一套生产范式，以提升企业之间的合作，以便应对未来制造过程中的各种不确定性。“连接（Connection）”是IVI强调的核心，是物理世界与数字世界的连接、企业之间的连接、模型架构之间的连接。IVI有两大工作组，一个是商业场景工作组，另一个是平台工作组。前者连接不同企业，提炼真实生产案例，并将其转化为参考模型。后者涉及生产计划管理、供应链管理、质量管理、资产与设备管理、预测性维护管理、小企业服务等平台，这些涉及点与今天全球工业互联网平台关注的重点非常吻合。从2015年9月到2016年4月，IVI已经运行了20个项目，这些项目涵盖物联网、基于物联网的生产线管理、工业互联网平台、互联工厂四大领域，每个项目都由多家企业共同承担，甚至包含竞争者之间的合作。从2016年开始，IVI正式走向国际舞台，并与IIC、工业4.0平台、IEEE都建立了合作关系，同时吸纳了西门子、博世、华为、因特尔等知名企业的加入。

从美国、德国、日本各自主导的产业联盟，我们可以发现国际工业互联网产业合作的典型特点。

打造跨界融合的产业生态成为推进工业互联网发展的关键基础。工业互联网涉及云计算、大数据、人工智能等新一代信息技术，涉及自动化、软件、电子、装备等工业使能技术，涉及大量工业应用场景和垂直行业。任何一家企业都不具备全覆盖能力，需要各学科、各行业突破原有的思维模式、技术路径。产业联盟为企业之间的优势互补、跨界合作提供了重要载体。高效运作的产业联盟能在促进跨界合作的基础上，构建新的利益纽带，加速共性技术、前沿技术的突破与扩散，加速新商业模式的出现与推广，进而形成新的分工体系、供需关系和协作网络，最终促进产业生态重塑。因此，产业联盟的建立不仅促进了不同企业间的合作与协同发展，还促进这些企业快速、有效地突破产业共性问题，并形成规模化发展态势，成为各国产业界推进工业互联网的模式选择。

顶层设计与产业实践的有机结合成了推进产业发展的主导路径。工业互联网是跨界融合的系统性工程，是与工业生产紧密相关的新型网络基础设施。与“轻资产”的消费互联网相比，工业互联网与生产设备、生产过程直接相关，它显然更“重”。它既关注新一代信息技术带来的便捷性，也关注传统工业自动化、数字化中“信息孤岛”间的互联互通，更强调满足工业生产的可靠性、安全性要求。“摸着石头过河”“先发展后治理”的方式不适合工业互联网的规模化发展，必须从一开始就加强顶层设计。顶层设计体系化描述了工业互联网架构的组成、关注重点、运行逻辑、实现路径、发展目标、推进阶段等，再依据此指导开展技术研发、标准研制、试验验证、系统集成和应用推广等工作。反过来，顶层设计源自产业需求的提炼，源自企业实践的选择，只有能够体现“最大公约数”、反映未来发展方向的顶层设计才具有指导意义。设计过程本身也是不同领域的主体、同一领域不同的主体间凝聚共识的过程，它也会随着实践的发展而不断完善。IIC、工业 4.0 平台、IVI 以及我国的工业互联网产业联盟（AII）都将顶层设计摆在工作的首位，基于各自发展背景、发展目标、发展诉求制订、发布工业互联网参考架构，为企业研发和部署实施工业互联网提供参照。

开放合作成了企业商业推广的普遍方式。围绕标准、技术、解决方案之间的跨国、跨领域、跨企业协同合作不断升级，并不断驱动工业互联网全球化进程的速度。主要产业组织间交往日益密切，美国 IIC、德国工业 4.0 平台、我国 AII、日本 IVI 等产业组织之间纷纷签署双边协议，各大产业组织与国际标准化组织（ISO）、国际电信联盟（ITU）、IEEE、国际电工委员会（IEC）等主要标准组织间的对接也不断深化，企业间的跨界合作日益频繁。GE、西门子、ABB 等工业企业，一方面加大软件企业的收购力度，拓展自身数字化能力；一方面与亚马逊、微软、IBM、SAP 等 ICT 企业合作，借助后者在云计算、大数据、人工智能等领域的技术和产业优势，提升各自工业互联网平台的综合能力。

2. 巨人的行动

2016 年，GE 的 Predix 进入生态布局的深耕期。2016 年年初，Predix 正式对外开放，开始为其内部运营商和客户开发软件并提供解决方案。到 2016 年年底，Predix 已经集聚了 22000 名开发者，400 多家合作伙伴，250 个软件应用，软件订单达到 40 亿美元。这一年，GE 与 Predix 平台相关的收购案近 10 起。这些收购案中，涉及 Predix 核心功能的有 GE 4.95 亿美元收购 1993 年成立的资产绩效管理软件企业 Meridium，9.15 亿美元收购现场服务管理 SaaS 企业 ServiceMax；涉及机器学习的有收购初创企业 Bit Stew Systems 和 Wise.io；涉及垂直领域科技企业的有 1 亿澳元收购澳大利亚的建筑自动化初创企业 Daintree Network，收购全球第三大石油服务公司贝克休斯。2016 年 7 月，GE 投资 1100 万美元，启用了位于上海的数字创新坊，该数字创新坊成为亚洲开设的首家数字创新中心，把 GE 的数字化与中国的“大众创新、万众创业”结合在一起，一方面向其他企业提供解决方案，另一方面吸引外部资源参与创新，而 Predix 的相关培训和推广自然也成了它的一项重要职能。

一些老牌工业企业在 2016 年集体发力、加大投入，打造具备底层设备设施连接、工业大数据分析和工业 App 开发部署等综合能力的工业互联网平台，并积极扩大开发者生态和用户生态，力图在既有高端产品、系统、设备全球支配地位的基础上，形成“云+端”“制造+服务”“物理+数字”的平台新优势。

西门子在 2016 年 4 月举办的汉诺威工业博览会上，正式发布了自己的工业互联网平台——MindSphere，并在北美和欧洲的 100 多家企业开始试用。与 GE 的目标一样，西门子也期望把自己的工业互联网平台打造成一个基于云的开放操作系统，用它来连接设备、系统、产品，构建开放的开发者生态。MindSphere 包含设备连接、云端汇聚、应用开发三大层面。MindSphere 将工业现场设备的实时数据依托传感器、控制器以及各种信息系统通过安全通道传输到云端，在云端基于行业经验为企业用户提供工业大数据分析和各类智能应用服务，同时也为开发者提供了工业 App 开发所需要的开发环境和工具。在随后的两年里，MindSphere 取得了快速发展，在 17 个国家建立了 20 个数字化客户应用中心，这些中心汇聚了全球 4 万名研发人员，连接了 100 万台设备和系统，提供了 50 多种工业 App，企业用户数量突破 300 家。

法国的施耐德电气公司也在 2016 年发布了工业互联网平台——EcoStruxure。

施耐德是全球著名的电气设备制造商和能效管理领域的领导者，为100多个国家提供能源整体解决方案。EcoStruxure将应用于工业、楼宇、数据中心和基础设施四大终端市场，在此后的一年多时间里，EcoStruxure被部署在48万多个生产现场场地，得到了2万多个系统集成商和开发商的支持，通过40多种数字化服务的支持，连接了超过160万亿美元的资产。不仅如此，施耐德还在2016年3月当选工业互联网联盟（IIC）指导委员会的新一届主席；另一家来自瑞士的ABB集团也在加紧布局旗下的ABB Ability平台，2017年，它已正式在市场发布。

2016年，全球领先的数控系统和机器人龙头企业日本发那科公司也推出了自己的工业互联网平台——FIELD系统。FIELD由发那科与思科、罗克韦尔等公司共同研发，能实现机床、机器人等边缘设备与传感器的连接，并可提供先进的数据分析，进而提升生产质量、生产效率、灵活度以及设备的可靠性；FIELD还融入了机器学习和深度学习能力，可被应用于机器人操作、异常检测和故障预测等场景。设备的运行数据可以通过网络实时地被处理，各种设备之间可更加智能、更加敏捷地实现协调生产，从而打破生产中的“信息孤岛”，提升设备综合效率和整体生产效率。

蓬勃兴起的工业互联网不仅成了工业巨头们争夺的新高地，也吸引了信息通信产业的大佬们，他们早已敏锐地发现工业互联网涉及的物联网连接、网关、数据传输、云基础设施、平台即服务（PaaS）、大数据分析、机器学习等技术。在信息领域，微软公司是一个典型；在通信领域，思科公司是重要代表。

微软公司在Windows方面取得的巨大成功使其成为家喻户晓的软件企业，但提起全球知名的互联网企业时，微软常常被排除在名单之外，并非微软不具备互联网的技术实力，也不是微软没有互联网产品。而是微软错失了在互联网、特别是移动互联网时代的用户和服务“入口”。但是，微软从未放弃这样的转型，时任微软公司CEO纳德拉提出“移动优先，云优先（Mobile First，Cloud First）”战略后，微软持续在云计算市场发力并开发了Microsoft Azure。其实，微软很早就捕捉到工业互联网发展所带来的市场机遇，很早就加入了工业互联网联盟，并参与了许多测试床的建设。2016年发布的两则重磅消息，更让微软在工业互联网领域获得了巨大的关注。先是2016年7月，微软与GE合作，GE的Predix平台将登陆微软的Azure，微软将在云服务基础架构、人工智能、高级数据可视化领域，为Predix的客户企业提供更多支持；Azure的客户也可以利用Predix分析其联网设备资产所产生的数据。2016年11月，西门子宣布：2017年MindSphere平台也将部署在Azure之上，并将和微软在机器学习等方面展开合作。

纳德拉在微软与GE携手之时这样说过："数字化转型正深刻影响着全球每一个行业与每一家公司。凭借与GE等卓越公司的合作，我们将有能力帮助更多未曾涉足该领域的客户加速实现从工厂车间到智能楼宇全业务的数字化转型。"这样的观点，代表了微软对未来工业互联网将催生广阔市场空间的判断，揭示了微软广泛开展跨领域合作背后的考量。实际上，这可能也是IBM、亚马逊、SAP、阿里巴巴等一大批IT巨头进军工业互联网的共同原因。

思科公司是一家网络解决方案提供商，也是发起成立工业互联网联盟的企业之一。思科看中的是与工业互联网相伴而来的泛在、安全、高性能连接机遇，它们坚信物联网将是互联网发展的下一阶段。2016年2月，思科支出14亿美元收购了物联网企业——Jasper Technologies。这家创立于2004年的企业，依托Jasper软件服务平台对工业控制监测、运输车队监控等场景下的设备进行物联网管理。Jasper的客户包括ABB、福特、通用汽车（GM）、喜力啤酒等知名企业。思科通过收购Jasper，直接获得了成熟的物联网管理服务能力。到2017年，思科Jasper已经与全球50多家运营商达成合作，并推出了物联网平台，覆盖120多个国家。该公司旗下的Control Center平台上连接的设备超过4300万台，每个月新增设备约150万台。思科近年来积极推动的另一件与工业互联网发展有关的事是雾计算（Fog Computing）。有别于云计算，雾计算是在靠近物或数据源头的网络边缘侧，就地分析那些实时性要求高的数据（对时间敏感），而不是将大量的数据全部发送到云端再进行分析，后者显然会在工业生产场景下给网络造成相当大的压力，并且网络时延难以保证。为了推动这种新的计算模式的发展，2015年，思科与ARM、戴尔、英特尔、微软及普林斯顿大学边缘（Edge）实验室共同宣布成立 OpenFog 联盟。与雾计算很接近的一个概念是边缘计算，出于此角度，与 OpenFog 联盟对应的则是边缘计算产业联盟（ECC）。2016 年 11 月，华为技术有限公司、中国科学院沈阳自动化研究所、中国信息通信研究院、英特尔公司、ARM 和软通动力信息技术有限公司联合倡议发起并成立边缘计算产业联盟。关于雾计算与边缘计算，有人它们认为是一件事的两种说法或是一个产业的两大竞争阵营，比如思科的白皮书就认为雾计算即边缘计算；也有人会仔细剖析二者的差异，认为在架构和技术上二者是不同的。技术细节不是本书讨论的重点。我们可以看到，面向生产的边缘端，网络传输、物联网管理（操作系统）已经成为通用网络通信解决方案提供商们角逐的新赛场。工业互联网时代与同样即将到来的 5G 时代叠加，新标准、新技术、新产品、新市场的竞争无疑将越来越白热化，通信领域甚至很有可能迎来新一轮的洗牌。

2016 年，还有一家科技企业的故事不得不提，尽管它与工业互联网没有直接关系。2016 年 3 月，谷歌旗下 DeepMind 公司推出的 AlphaGo 战胜了围棋名将。AlphaGo 的胜利将大家对人工智能的关注推向了一个前所未有的高度，媒体甚至将 2016 年称为人工智能发展元年。这一年，谷歌、微软、IBM、英伟达各大 IT 公司在语音识别、辅助医疗、图像处理、机器翻译、人形机器人等众多领域大量发布成果，人工智能以及背后的大数据产业成为资本关注的新风口。某国际数据集团将人工智能列为三大投资方向之一。持续在深度学习和无人驾驶深耕布局的英伟达，2016 年股价从 31.8 美元飙升至 106.7 美元，最高涨幅一度达到 277%。

谷歌的 AlphaGo，看似与工业互联网毫不相关，但这场比赛引发的蝴蝶效应，不可避免地传导到了在智能化转型之路上摸索前行的工业界。工业互联网这个开放性的概念，可以动态地纳入所有与之相关的新技术，人工智能也不例外。人工智能技术，或更为准确地说是深度学习、机器学习技术被运用于工业互联网平台之上，将成为各家解决方案商的共同选择。GE、西门子、ABB 这些工业企业都与微软、IBM 合作，将对方在人工智能领域的优势导入自己的平台。我国致力于将人工智能与工业互联网相结合的企业也逐渐增多。

3. 工业互联网三大属性

工业互联网是商业化的概念，是互联网向传统工业生产领域延伸、集成、融合的产物。它可以被理解为专业化的互联网，这种专业化体现在对生产的聚焦。这种聚焦衍生出了工业互联网的生产属性、跨域属性和服务属性，如图 2-3 所示。三大属性也体现了智能化、弹性化和服务化的工业新思维[2]。

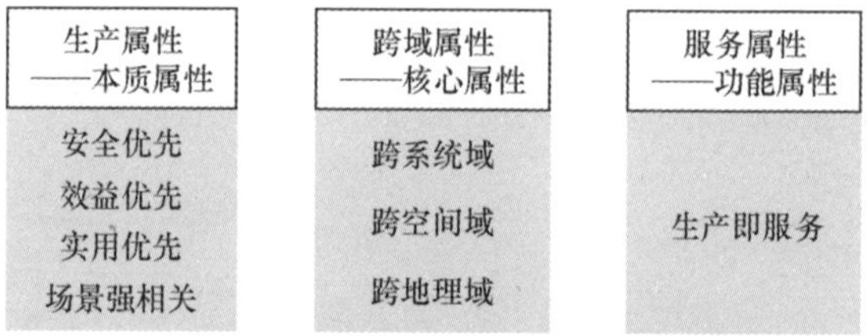

图 2-3　工业互联网的三大属性

生产属性是工业互联网的第一属性，即本质属性。

工业互联网是一种生产性互联网，它发起于工业企业，应用于工业活动，聚焦于实体产业。工业互联网首先要解决生产问题而不是消费问题，工业互联网要满足工业企业的需要而不是普通大众的需要。它的直接目标是实现对生产效率更有力地提升，对生产资源更优化地配置，对生产者、管理者体力和脑力更大地解放，因此工业互联网讲求安全优先、效益优先、实用优先。

安全优先是工业互联网被企业应用时都会考虑的问题。效益优先是指工业互联网领域更关注投入能否真正带来看得见的回报。实用优先，即工业互联应用本质上不追求最新技术的华丽堆砌和快速迭代。如果一款老技术能够比较稳定地解决问题，即使有一定可容忍的瑕疵，工业企业基于成本、风险等因素考虑也不会（或是立即）做大的改变，因此改造往往比新建难

[2] 关于工业新思维，见“新工业革命”一节。

度更大。

工业互联网的生产属性还决定了它不可能像消费互联网一样出现适用于所有应用场景的、完全通用的、普适的技术标准。生产属性决定了它与生产场景强相关，不同行业、不同场景差异极大，组网方式、技术要求、安全等级等也差别明显，相比之下消费互联网是场景弱相关的，人们对消费互联网的使用需要是趋同的。而场景强相关又决定了专业化、细分化程度高，每一个细分领域都有全球各大领先工业、广大隐形冠军、海量工业企业的长期业务布局及产品选择。因此出现全领域通行的统一技术标准是不可能的。尽管人们一直在努力实现系统间的互联互通互操作，但系统内的私有协议仍将大量存在。这就好像任意两个拥有不同语言的国家之间都可以交流，但并不意味着全世界每一个人都使用同样的语言。因此，工业互联网在发展之初就应当强调专业化、分类化、分级化，形成场景化分类建模，然后在实施中一个场景一个场景地去适配，寄希望于一套全局适用的方案是不现实的。

工业企业是工业互联网的需求方，是落地的关键。我们只有从工业互联网的本质属性出发，因势利导，才能唤起广大工业企业的积极性，自觉自愿地投身到工业互联网的发展中来。

跨域属性是工业互联网的核心属性，它包涵以下三层含义。

（1）跨系统域

工业互联网包涵工业信息系统（IT）与工业控制系统（OT），并将二者打通。这是工业互联网超越现场总线、工业以太网等工业控制网络局限性的关键所在，也是工业互联网有别于互联网的标志之一。它是实现智能制造、大规模个性化定制、远程设备健康管理等工业互联新模式、新应用的前提。也正因如此，使得原本“绝缘”的工业控制系统、工业生产设备、工业生产环境纳入相对开放的网络空间中，并在安全、功能、性能等方面有了更加严格地要求。

（2）跨空间域

工业互联网在数字虚拟空间与物理现实空间之间搭建了桥梁。工业互联网的核心支撑技术是 CPS，其通过深度集成先进传感、大数据、人工智能、仿真建模等信息技术，实现物理世界和虚拟网络空间的映射、协同与融合，CPS 也许可以称得上与人工智能、量子计算并驾齐驱的未来开创性、颠覆性信息技术。也正因如此，美国、德国等国家都高度重视 CPS 的基础研究，将其视为未来制造业形态的核心支撑技术。

（3）跨地域

无论基础设施还是业务应用，工业互联网都可以是局域的、广域的或是全球的。与因特网可被视为一张统一、任意两台终端都可以互相访问的全球性广域网不同，工业互联网仅仅是称谓上的统一，实际上既非一张网，也不一定是全球网，更不能也不被允许任意两点互联互通。因此，工厂内部利用工业以太网传输数据属于工业互联网，企业之间利用工业互联网平台进行协同生产属于工业互联网，飞机发动机或卡车轮胎这样的移动装置利用传感器采集数据、通过 4G 或者卫星网络传输数据，同样也属于工业互联网。

服务属性是工业互联网的业务属性，或者说是工业互联网的功能属性。

服务是未来制造业的产业特征和思维模式，而践行服务思维的重要手段就是工业互联网。工业互联网是互联网与工业自动控制的结合，它的服务属性既是对互联网的继承，也是对自动化的升级。尽管控制是工业互联网的重要功能，但它并不等于单纯地控制网络。传统的串口通信、现场总线、工业以太网都强调功能而不面向服务。而工业互联网恰恰非常强调服务化，工业互联网平台、工业互联网网络、工业互联网应用，这些都从架构到实现再到部署处处突出业务的服务化、产品的服务化、资源配置的服务化。工业企业用户比起大众消费用户而言，工业企业用户更注重效益而非体验，但并不否定一个事实，就是工业互联网的深度应用，使用户体验越来越受重视，企业用户可以较少去关注已被封装起来的技术实现细节，享受“傻瓜式”操作、一站式服务、智能推送等。当然，这种体验也是出于效益的需要。

最终，工业互联网的发展，将推动生产型服务延伸到生产即服务（Production as a Service），推动企业的核心竞争力由产品质量功能转向客户价值创造。

4. 意义

2016 年，中国的工业互联网正处在从蓄势酝酿到全面推进的衔接期，那么，发展工业互联网对中国的意义在哪里呢？

从前文的案例中，我们不难看出当今全球制造业呈现出的新趋势，我们可以称其为“三期叠加”。一是产业换代期，随着云计算、大数据、人工智能等新一代信息技术自身的纵向发展以及不断向各领域的横向渗透，制造业由自动化加速向数字化、网络化、智能化升级的趋势已经非常明朗。二是生态融合期，信息通信企业向制造业主动渗透，制造企业积极推进传统流程业务的互联网化，产品属性、业务形态、企业定位、甚至是制造业与服务业之间的边界都日益模糊。三是格局重塑期，主要工业国的政府出台战略并优化发展环境，企业们通过结盟、并购、加大研发等方式主动在新技术、新领域中布局，全球制造业日渐升级。

对我国来说，新常态仍然是当下经济的关键词。2016 年 5 月，《人民日报》刊登了一篇《开局首季问大势——权威人士谈当前中国经济》的文章，这是继 2015 年 5 月 20 日、2016 年 1 月 4 日后，权威人士就经济发展问题的第三次发声。“我国经济运行不可能是 U 型，更不可能是 V 型，而是 L 型的走势。这个 L 型是一个阶段，不是一两年能过去的”“我国经济进入新常态，结构调整是一个绕不过去的坎，是一场绵绵用力、久久为功的持久战”“在新常态下，我们最需要优化资源配置，培育新动力、形成新结构”。

制造业是我国经济的支柱，然而我国制造业迈向中高端的挑战仍然严峻。一是结构层次偏低，产能过剩问题突出，高级化程度不够。重化工主导的资源型产业、资金密集型产业占比过大，部分传统行业产能过剩仍然突出。两化融合对传统产业转型升级以及新兴产业培育的作用仍然比较有限。二是增长动力偏弱。新旧动能转换速度和力度不够。高新技术产业虽然增速高于总体工业增速，但产业规模小，增加值占比不到 13%。三是生产要素趋紧。基本要素供给下降，高端要素紧缺。2012 年以来，我国劳动人口数量每年以三四百万的规模递减。2016 年上半年，民间投资增速由 2015 年的 10.1%下降至 2.8%，创近 15 年新低。同时，创新要素和高端人才缺乏，2015 年研发投入强度为 2.1%，显著低于欧美发达国家 3%左右的水平，研发人员总量占就业人员的比重不足发达国家的 1/2。

面对这样的国内外大背景，工业互联网作为新一代信息技术与现代工业深度融合的新技术、新模式、新业态，为加快经济转型升级、塑造长期竞争力提供了新途径、新动力。

工业互联网是未来经济持续繁荣的新基石。工业互联网将网络信息技术最新成果充分融入生产制造、流通、运行、服务的全过程，通过信息流驱动技术流、资金流、人才流和物资流，有力地促进了资源优化配置、全要素生产率加快提升和经济持续健康发展。工业互联网是新型劳动工具，它将人、机器设备、物料、产品、环境、过程等实体生产领域的基本要素全面互联，充分盘活工业大数据这一数字经济时代的新生产要素，这将大幅提高劳动生产率。工业互联网是新型基础设施，它通过构筑制造、能源、电力、交通等经济社会各部门智能化升级必不可少的网络连接和计算处理平台，成了数字化、智能化时代像电网、水网、高速公路网一样的通用性基础设施，支撑了经济社会全方位的发展。工业互联网是构筑产业发展新体系的关键依靠，它催生了大量的新技术、新网络、新平台、新应用，促进了智能化、绿色化、服务化的工业发展新体系的加速形成，推动了专业化、高品质、高附加值的现代服务业不断壮大。工业互联网还是培育新经济形态的重要支撑，它推动了平台经济、分享经济、定制经济等新经济形态加快向生产领域拓展，是新旧动能接续转换的强大动力。

工业互联网是推动供给侧结构性改革的新手段。工业是供给侧结构性改革的主战场，工业互联网通过激发新动能、改造旧动能，成为提升产业发展质量和效益的重要途径。据 GE 测算，我国工业企业通过部署工业互联网，将使生产效率提高 20%、成本下降 20%、能耗下降 10%。以去库存为例，利用工业互联网可以实现环节之间、企业内外、供需两侧的互联互通，形成生产企业乃至整个产业资源和能力的全面调度，从而有效解决库存积压这个制造业的难问题。再如降成本方面，工业互联网不仅可以通过改善企业管理方式、优化资源配置等方式节约企业管理成本，而且可以通过大幅提升设备能效、拓展资源和能力获取渠道等方式，有效降低企业运营的费用。

工业互联网是统筹建设“两个强国”的新引擎。在制造业与互联网深度融合的大背景下，制造强国与网络强国建设彼此相互交织、不可分割。工业互联网作为新一代信息通信技术与工业制造深度融合的重要基础设施和发展智能制造的重要基础支撑，它成了两个强国建设统筹推进的关键抓手，对我国综合国力的提升意义深远。一方面，工业互联网推动制造业数字化、网络化、智能化发展，是落实“以加快新一代信息技术与制造业深度融合为主线、以推进智能制造为主攻方向”战略要求的关键支撑，是实现“中国制造 2025”战略目标的重要途径。另一方面，随着网络空间不断向线下拓展，具备融合基因的工业互联网也自然成了网络强国建设的重要组成部分，为我国开拓人工智能、5G、窄带物联网等新一代信息通信技术的应用空间、推动新型网络基础设施的升级、提升网络治理能力提供了重要契机。

工业互联网是筑牢国家安全防线的新保障。从经济安全和资源安全角度看，一大批国际制造业、信息通信业跨国巨头都积极在全球部署工业互联网平台，它们在各自高端软/硬件产品的优势上，形成了“知名品牌+高端产品+主导平台”的立体新优势。这种情况下，国产品牌、产业生态以及作为国家战略资产的海量工业数据的掌控都面临严峻挑战，加快发展我国自主可控的工业互联网是确保工业数据乃至经济安全的重要保障。从科技安全和网络安全角度看，工业互联网将牵引技术的群体性和裂变式创新，为我国掌握一批支撑未来高端制造的基础技术和前沿技术提供了机遇；同时，线上线下融合趋势将网络空间、网络安全的外延进一步扩大，主动发展工业互联网是我国积极应对新型网络安全的应有之义。从社会安全和生态安全的角度看，工业互联网通过物联网、大数据等先进信息技术，大幅提升设备监控、安全生产等智能化水平，继而提升生产设施的安全保障能力，减少生产安全事故。

总之，从加快新旧动能转换、促进转型升级、建设制造强国和网络强国的高度来看，发展工业互联网无疑具有非常重大的历史意义和现实意义。面对日趋激烈的国际竞争，我国加快推进工业互联网的进程已经刻不容缓。

5. 动员

“两化融合”“两化深度融合”被我国制造业和信息通信业主管部门——工业和信息化部视为立部之本。早在2002年召开的十六大就曾经提出“以信息化带动工业化、以工业化促进信息化”。十七大提出了“大力推进信息化与工业化融合”，简称为“两化融合”。十八大又进一步提出了“推动信息化和工业化深度融合”，这就是“两化深度融合”。而在今天，在互联网飞速发展的大时代背景下，工业互联网可以说已经成为两化深度融合的新阶段。

在2015年12月召开的2016年全国工业和信息化工作会议上，工业和信息化部部署了2016年的重要工作。其中，工业和信息化部明确提出“有序推进工业互联网发展；研究制订总体方案、标准体系框架及推进策略；推动成立工业互联网产业联盟”。2016年2月1日，工业和信息化部直属单位中国信息通信研究院，作为我国从事工业互联网系统研究和整体推进最早、最活跃的单位，联合工业、通信业、互联网行业等143家机构，发起成立了工业互联网产业联盟（Alliance of Industrial Internet，AII）。

既然发展工业互联网已经成为必然要求，那么我国工业互联网发展的内涵、目标、要素和方向，以及让各方对发展什么、怎么发展形成认识的“最大公约数”，便成为当务之急，这也是产业联盟首先要承担的一项重要任务——给出中国版本的体系架构。这个架构既需要体现全球技术发展的一般性，又必须立足于自身产业的特殊性。换言之，我们需要建立自己的语言体系。

经过工业互联网产业联盟各成员半年多的研究、讨论，加上前期的积累，2016年9月，AII发布了我国工业互联网发展的第一份报告——《工业互联网体系架构（版本1.0）》（以下简称《体系架构》）。这份报告由工业和信息化部指导，中国信息通信研究院牵头，中国电信、华为、中国科学院沈阳自动化所、中国航天科工集团有限公司（简称航天科工）、海尔集团、三一重工、阿里巴巴集团等来自不同行业的单位联合参与并完成。因此它既体现了主管部门的推进思路，又反映了产业一线的共识，对后续工业互联网各项工作的推进起到了十分重要的指导作用。

《体系架构》提出，工业互联网是互联网和新一代信息技术与工业系统全方位深度融合所形成的产业和应用生态，是工业智能化发展的关键综合信息基础设施。这个定义在此后的一年中发生了很多版本的调整，但它给出了一个最初的框架，后来各版本的定义，包括 2017 年国务院印发的《关于深化“互联网+先进制造业”发展工业互联网的指导意见》中对工业互联网的表述，都没有改变工业互联网总体的界定，即一方面是基础设施，另一方面是新兴业态。换言之，工业互联网不仅仅只是“网络”。

如今每个人无时无刻不在接触互联网，互联网在不同的语境下往往有不同的含义。它可以是技术与设施，比如 TCP/IP、Web2.0、移动通信、光纤宽带，也可以是应用与产业，比如 App、电子商务、社交网络，它甚至可以是思维与文化，比如“简约、极致、快速”思维、入口思维、网红文化。同样，工业互联网是网络设施的升级，但又不只是一种网络设施，它代表了一种跨设备、跨系统、跨厂区、跨行业、跨地域的互联互通模式，代表了一种更大范围、更高效率、更加精准的资源配置方式，代表了一种将不断演进中的信息通信技术持续吸纳进工业体系各环节的产业形态。工业互联网与整个制造业的变革紧紧地联系到一起。

网络是基础，数据是核心，安全是保障，这是《体系架构》提出的另一个对我国工业互联网发展具有重要影响的论断。网络是基础指的是工业通过物联网、互联网等实现工业全系统的互联互通，促进工业数据的充分流动和无缝集成。工业互联网网络的目标在于建立“数据孤岛”之间的信息高速公路，而建成这样的高速公路，使用的是不断演进、成熟、发展中的物联网、互联网、移动通信甚至卫星通信技术。数据是核心指的是工业通过数据全周期的感知、采集和集成应用，形成基于数据的系统性智能，实现机器弹性生产、运营管理优化、生产协同组织与商业模式创新，推动工业智能化发展。工业互联网代表了一种单点智能向全系统智能演进的趋势，体现了未来的工业智能是基于工业大数据的智能，这种工业大数据的分析与利用，又是一种与行业 know-how 紧密相关，将数学、物理、控制、软件等多学科融合在一起的过程。安全是保障指的是构建涵盖全系统的安全防护体系，这种全系统的安全体系涉及设备安全、网络安全、控制安全、应用安全与数据安全。工业互联网体系架构如图 2-4 所示。

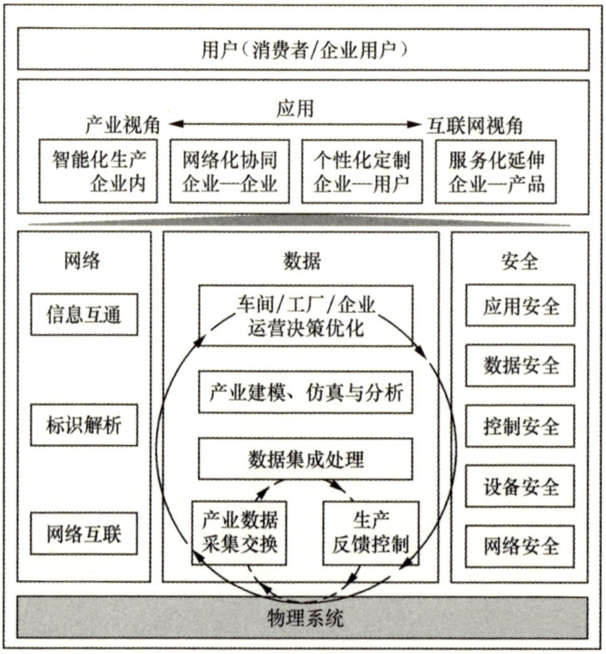

——资料来源：《工业互联网体系架构（版本 1.0）》

图 2-4　工业互联网体系架构

网络、数据、安全三要素，又逐渐延伸，从落地实施的角度，形成了网络体系、平台体系（承载数据）、安全体系三大功能体系，该体系成为我国工业互联网产业推进和政策布局的重要出发点。

工业互联网产业联盟的组建和发展体现了主管部门推进工业互联网的意志，而这只是布局的开始。在这一年，工业和信息化部着手起草后来印发的《关于深化“互联网+先进制造业”发展工业互联网的指导意见》，支持了 20 多家单位和企业开展试点示范，相关部门领导会见了工业互联网联盟（IIC）的指导委员会主席。AII 的理事长单位中国信息通信研究院也与 IIC 签订了谅解备忘录。中国的工业互联网开始在国内和国际舞台上活跃起来。

第3章

2017——风口来临，工业互联网上升到战略高度

企业整个生产经营过程从本质上看是一个数据的采集、传递、加工处理的过程，而形成的最终产品也可看成数据的物质表现形式。

——约瑟夫·哈灵顿[1]

[1] 美国学者，1973年提出计算机集成制造（Computer Integrated Manufacturing, CIM）概念。

1. 顶层设计

2017 年，注定是极不平凡的一年。如果让大家投票选出本年度我国最重要的一件大事，相信绝大部分人都会选出 10 月 18～24 日在北京召开的中国共产党第十九次全国代表大会。

十九大报告指出，我国社会主要矛盾的变化没有改变我们对我国社会主义所处历史阶段的判断，我国仍处于并将长期处于社会主义初级阶段的基本国情没有变，我国是世界最大发展中国家的国际地位没有变。这个大的判断，决定了经济建设仍然是当代中国的中心工作，发展仍然是中国共产党执政兴国的第一要务。

十九大报告指出，我国经济已由高速增长阶段转向高质量发展阶段，正处在转变发展方式、优化经济结构、转换增长动力的攻关期，建设现代化经济体系是跨越关口的迫切要求和我国发展的战略目标。必须坚持质量第一、效益优先，以供给侧结构性改革为主线，推动经济发展质量变革、效率变革、动力变革。

十九大报告指出，建设现代化经济体系，必须把发展经济的着力点放在实体经济上，把提高供给体系质量作为主攻方向，显著增强我国经济质量优势。

供给侧结构性改革是我国在今后及未来一段时期经济政策的主线，它具有非常丰富的内涵，不仅仅是我们耳熟能详的去产能、去库存、去杠杆、降成本、补短板。在十九大报告“深化供给侧结构性改革”一节中，一共出现了八句话，除了“三去一降一补”之外，还涉及制造强国、传统产业转型升级、现代服务业发展、先进制造业集群、基础设施网络建设、企业家精神、劳动者大军等诸多重要内容。这其中就包括了“推动互联网、大数据、人工智能和实体经济深度融合”。这意味着，新一代信息技术与实体经济的深度融合，被视为推动经济发展质量变革、效率变革、动力变革的重要途径。

这样的表述出现在“深化供给侧结构性改革”一节中的“贯彻新发展理念，建设现代化经济体系”一章中，事实上也为进一步出台国家政策推动工业互联网发展奠定了基调，提供了依据。一直以来，我国都将制造业视为实体经济的主体。发端于制造业、面向生产力跃升、具备高度复杂特质的工业互联网，代表了互联网、大数据、人工智能和实体经济深度融合的重要方向。在十九大闭幕6天后，国务院常务会议审议通过了《深化“互联网+先进制造业”发展工业互联网的指导意见》。会议指出，贯彻党的十九大精神，建设现代化经济体系，要以推进供给侧结构性改革为主线，结合实施《中国制造 2025》和“互联网+”，加快建设和发展工业互联网，促进新一代信息技术与制造业深度融合，这对推动实体经济转型升级，大力发展数字经济，打造制造强国、网络强国，具有重要意义。2017年11月27日，国务院印发了《关于深化“互联网+先进制造业”发展工业互联网的指导意见》（以下简称《指导意见》），我国工业互联网发展的纲领性文件正式出台。中国的工业互联网事业从此开启了崭新的发展阶段。

《指导意见》在开篇即给出了对工业互联网的总体判断：

> 工业互联网作为新一代信息技术与制造业深度融合的产物，日益成为新工业革命的关键支撑和深化“互联网+先进制造业”的重要基石，对未来工业发展产生全方位、深层次、革命性影响。工业互联网通过系统构建网络、平台、安全三大功能体系，打造人、机、物全面互联的新型网络基础设施，形成智能化发展的新兴业态和应用模式，是推进制造强国和网络强国建设的重要基础，是全面建成小康社会和建设社会主义现代化强国的有力支撑。

工业互联网是连接工业全系统、全产业链、全价值链的基础设施，但它又不仅是基础设施，它更包括了新一代信息技术与制造业深度融合所形成的各类新型业态与应用模式，正如前文所述，它就像互联网一样，具有多层次多维度的含义。网络、平台、安全三大功能体系构成了工业互联网的四梁八柱——其中网络体系是基础，平台体系是核心，安全体系是保障。三大功能体系对应《工业互联网体系架构（版本 1.0）》的“网络、数据、安全”三要素，是后者的实现版，特别是平台体系与数据。“数据”的内涵是数据智能在工业生产全方位、全周期的应用，在数据的采集、传输、分析与应用中，最终的应用才是价值创造的“临门一脚”，而数据应用最关键、最核心的载体是平台。《指导意见》对工业互联网给出一个相对统一的概念界定，有利于统一各方的认识，给出清晰方向，聚焦发展重点，努力避免碎片化的发展。

《指导意见》出台的一个重要基础，就是我国工业互联网创新活跃的产业实践。我国是制造业大国，具有齐备的工业门类。从家电制造这样的轻工业到机械、钢铁这样的重工业，从服装加工这样的劳动密集型产业到飞机制造这样的高价值产业，从电子制造这样的离散工业到化工这样的流程工业，都涌现了一批渴望变革的探索者。这些探索者大多具备相对扎实的信息化基础，企业在此基础上，从不同的业务点出发，将新一代信息通信技术融入组织管理、研发设计、生产制造、产品服务当中，出现了诸如数字化智能化生产、大规模个性化定制、网络协同设计研发制造、远程分析服务等多样化的新模式。这些企业中，有的更进一步，开始对标国际的先进技术架构和业务模式，打造自己的工业互联网平台。除了制造企业，三大电信运营商也借助工业互联网的“新东风”适应引领通信业的“新常态”。华为、阿里巴巴、腾讯、奇虎 360 等这些科技类 ICT 企业，也不断发挥各自在云计算、物联网、大数据、人工智能、安全等方面的优势向传统产业延伸。四面八方、各行各业市场主体的积极探索，为国家政策的制定打下了坚实的基础；反过来，《指导意见》提出三大功能体系，实际上也为企业发展工业互联网归纳出了一套方法论，使企业自发地探索有了更明确的定位。

《指导意见》提出了七项重点任务。在官方解读中，融合应用这项任务被进一步分为大型企业集成创新和中小企业应用普及，这也许是考虑到我国大型企业和中小型企业在基础、能力、责任等方面存在的不平衡性。于是，“323”行动常常用来指代工业互联网的重点推进工作，官方也从这个维度进行过很多解读，如图 3-1 所示。这里，我们站在另一个视角对《指导意见》中的重点任务进行剖析。

图 3-1　工业互联网“323”行动

第一，打造三大体系，加快重点布局。网络、平台、安全是工业互联网三大功能体系，是工业互联网发展之“纲”，纲举方能目张。《指导意见》将构建三大功能体系作为重中之重，进行系统布局。

一是夯实网络基础。《指导意见》既着眼我国工业企业当前的迫切需要，提出加快推进工业企业内网改造、推进宽带基础设施建设、深化中小企业专线提速降费；又面向工业数字化、网络化、智能化的长远需要，推动工业 IPv6 发展、打造标识解析体系，为工业全要素、全流程和产品全生命周期的互联互通与精准管理打下坚实基础。

二是打造平台体系。在建平台上，一方面对标世界先进水平，突破开发工具、微服务、建模分析等关键技术瓶颈；另一方面结合中国实情，在发展企业级平台，满足企业网络化、智能化转型的同时，通过企业主导、市场选择、动态调整，形成跨行业、跨领域平台，形成带动效应、辐射效应，服务全产业的要素配置、资源共享和运行管理。在用平台上，通过开展百万家企业上云、百万工业 App 培育等工作，提升平台可持续能力，形成供需良性循环。

三是强化安全保障。围绕设备安全、控制安全、网络安全、平台安全和数据安全，抓住数据这个工业互联网的核心，体系化推进工业互联网安全防护能力的发展、数据安全保护体系的建设和安全技术手段的建设。

第二，供需两端发力，深化创新驱动。创新是引领发展的第一动力。我国工业互联网短板在创新，优势也在创新：短板在创新，是指先进技术创新相对不足；优势在创新，是指融合应用创新较为活跃。《指导意见》着力补短板、固优势，努力实现供给需求良性循环。

一是加强产业支撑。能够主导标准话语权、确保技术先进性、提供优质的产品和解决方案，从来都是产业在竞争中掌握主动权的必经之路。在共性技术攻关上，进行5G、人工智能、边缘计算甚至区块链等前沿新兴技术的探索；在标准体系构建上，提出制订一批总体性标准、基础共性标准、应用标准、安全标准；在产品和解决方案上，突出软硬件兼顾、IT技术与工业知识结合，工业企业与信息通信企业合力，强调与“中国制造2025”十大领域的紧密衔接。

二是促进融合应用。应用是工业互联网持续健康发展的牵引力，是推动工业互联网发展的落脚点。《指导意见》一手抓大型工业企业创新应用水平提高，一手抓中小企业工业互联网的应用普及：既鼓励大企业的工业互联网平台、资源等向中小企业开放，也引导中小企业将自身的专业知识、设计创意、制造能力向社会开放，从而促进大中小企业分工协作、相互借力、共生共荣的良性产业体系形成。这体现了近年来提出的“大中小企业融通发展”的思路。

第三，统筹国内、国外环境，充分平衡发展。工业互联网是前瞻性、基础性、全局性工程，我们需要做好谋篇布局，确保工业互联网相关主体、领域、要素的充分发展、平衡发展。《指导意见》既突出国内产业生态的完善，又注重国际开放合作的深化，这有利于形成国内、国外两个市场的统筹布局。国内生态上，《指导意见》重点围绕创新体系、应用生态、企业协同发展、区域协同发展四方面，对完善我国工业互联网生态体系进行了部署。《指导意见》提出建设工业互联网创新中心，这将推动工业互联网重大共性需求、共性技术的产、学、研协同创新和成果转换，成为构建国家制造业创新体系的重要一环。《指导意见》提出强化工业互联网区域发展统筹谋划，开展示范基地建设，为十九大报告提出的培育若干世界级先进制造业集群提供重要支撑。国际合作上，《指导意见》将开放发展作为一项重要基本原则，也将开放合作列为七大重点任务之一，体现了引进来和走出去并重的战略，也体现了我国对本土企业与国外企业的一视同仁。通过在政府、联盟、企业等多层次，在标准、技术、规则、治理等各领域开展全方位合作，我国企业的综合竞争力和国际化发展水平将不断提升。

《指导意见》提出：工业互联网是推进制造强国和网络强国建设的重要基础，是全面建成小康社会和建设社会主义现代化强国的有力支撑。

2. 需要政府吗

无论是美国还是德国，政府对工业互联网的作用都相对间接，就像其他产业的发展模式一样。政府更强调通过加大基础科研投入，完善教育和市场环境，使市场具有自我造血的能力。企业自身，特别是跨国龙头企业，在工业互联网发展中的创新和引领作用更突出。出于此方面考虑，在中国，工业互联网发展需不需要由政府出面推动一直是一个颇受关注的话题。

那么，工业互联网要走怎样的道路，是放手市场自由发展，还是需要政府参与。在回答这个问题之前，我们先来介绍一下我国消费互联网蓬勃发展的成功经验。

中国在消费互联网发展方面的成功经验，也就是中国能够成为互联网大国的原因除了市场机制的主导作用还包括人因、资本、技术、基础建设设施、政策等多方面要素。

在人因方面，四类人群成为互联网产业爆发的关键。第一类人群是以企业家为代表的领军人才。从 20 世纪 90 年代起就扛起中国互联网大旗的张朝阳、马云、李彦宏、丁磊，到中生代的姚劲波、杨浩涌、王兴，再到 80 后甚至 90 后的张一鸣等人，一代一代的互联网领军人，以超越寻常人的精于求索、善于实干、能于苦守和勇于开拓的精神，带领着各自的“巨无霸”“独角兽”企业，改变着国人的消费习惯，影响着传统商业的运行方式，书写着一部又一部“国际成功经验与中国实际完美结合”的故事。第二类人群是以程序员为代表的中坚队伍。中国从 2000 年后开始大量培养软件人才。2000 年，国务院印发《鼓励软件产业和集成电路产业发展的若干政策》，文件明确提出，通过政策引导，鼓励资金、人才等资源投向软件产业，进一步促进我国信息产业快速发展。2001 年 12 月，教育部、国家计委（今国家发展与改革委员会）发布了《关于批准有关高等学校试办示范性软件学院的通知》，北京大学、清华大学、北京航空航天大学、上海交通大学、中国科学技术大学等 35 所国家知名学府进入首批试办示范性软件学院的高校名单。从那时起到现在，计算机、软件这类专业就常年排在中国大学生就业名单前列，各大院校为社会培养并输送了大量的 IT 人才，他们成了后来互联网产业赖以发展的基石。第三类人群是以快递小哥为代表的劳动大军。根据 2016 年北京交通大学经济管理学院、阿里研究院、菜鸟物流联合发布的《全国社会化电商物流从业人员研究报告》，全国社会化电商从业人员数量逐年上升，截至 2016 年年初，电商从业人数达到 203.3 万人。《报告》认为：我国电子商务快速发展，为电商物流创造众多就业机会；围绕电子商务蓬勃发展的全新快递服务业态创造了就业新形态，为进城务工人员由建筑业、制造业向服务业转移提供了众多岗位。其实，我国电子商务、互联网订餐等新业态得以实现爆发式增长，很大程度上依赖于数百万风里来雨里去的快递小哥。第四类人群，毫无疑问是最广大的消费者——全国网民。规模巨大的本土市场，统一的语言体系和文化体系，是中国互联网产业可以以相对封闭的自循环方式不断壮大的根本原因。当然，能将巨大的人口转化为网民，也得益于下面提到的网络基础设施建设。

在基础设施建设上，国家大力投资从直接和间接两个方面给消费互联网的爆发打下了基础。首先是网络基础设施：2008 年三大电信运营商重组，开启了宽带网络建设、大规模基站建设的大门；2013 年，我国发布了“宽带中国”战略，宽带网络被确立为国家战略性公共基础设施；2008 年到 2017 年，我国光缆长度由 6.77×10^6 千米增长至 3.747×10^7 千米，基站总数由 69 万个增长到 619 万个；2011 年到 2014 年，中国宽带网络建设累计投资 1.4 万亿元人民币，“光进铜退”步伐加快，光纤到户覆盖家庭数量从 2011 年年底的 4300 万户增长到

2014 年年底的 2.56 亿户；2015 年，我国 4G 基站接近 170 万个，4G 网络用户规模接近 4 亿户，我国成为全球最大的 4G 用户市场，到了 2017 年，这一数字更是飙升至 9.97 亿户。另一方面，资费下降成为互联网用户规模扩大的又一关键因素。从 2015 年开始，“提速降费”成了通信业发展的重点工作。到 2017 年，固定宽带每 Mbit/s 的包月费用降至 1 元以下，仅为 2014 年费用的十分之一[2]；手机国内长途费和漫游费全部取消；在随后一年（2018 年）的“全国两会”上，我国又进一步提出取消流量漫游费，移动网络流量资费年内至少降低 30%。除了网络，金融危机以后，我国政府投入的“4×10^{12} 元”投资中，45%投向了铁路、公路、机场、城乡电网等领域。政府对公路、铁路、民航等交通基础设施的重点投入，无疑为电子商务、物流乃至整个互联网经济规模的爆发式增长打下了坚实的线下基础。

在外部环境上，资本和技术的扩散为中国消费互联网的发展提供了“便车”。20 年来，中国互联网企业与美国资本市场的关联远远高于与国内 A 股市场的关联。2012 年，美国量化宽松政策驱动下的第二轮互联网热潮[3]为大量以 VIE 架构在美国上市的中国互联网企业提供了丰裕的货币，这种效应传导回中国驱动了新一轮的风险投资基金的增长，带动了中国互联网投资端的变革，阿里巴巴、腾讯、百度等互联网巨头从被投资者转变为投资者，巨头们的“圈地运动”加速了互联网投资的升温[4]。而开源软件的发展成为国际潮流，Android、Openstack、Hadoop、CloudFoundry 等大量开源应用不断涌现，从移动操作系统，到云计算、大数据，再到人工智能，开源模式被广泛应用于互联网的各个领域。国内互联网公司普遍基于这些开源框架进行了二次开发，从技术导向型向产品导向型转变，大大降低了开发和运维的成本，加速了自身商业化的进程。尽管阿里巴巴、百度、腾讯等企业以及许多程序员个人对国际开源社区的贡献不断上升，但显然，至少从企业层面看，我国 IT 界到目前为止从开源浪潮中的获益更多；与此同时，整个行业被开源模式打穿，

[2] 中国信息通信研究院，《中国数字经济发展与就业白皮书（2018 年）》。

[3] 上一轮互联网热潮从 20 世纪 90 年代中期开始，至 2000 年前后互联网泡沫破裂结束。

[4] 简练，《资本的真相——互联网时代的资本市场》。

中国互联网企业对谷歌、亚马逊、微软等科技巨头所主导的产业生态也越来越依赖。

简而言之，中国之所以能够迅速成长为互联网大国，得益于金融危机以来的基础设施建设发展，得益于城镇化加速带来的大量农村劳动力转移，得益于过去10余年的软件人才培养，得益于人口红利的余温，得益于国家对新兴领域的监管环境，得益于国际开源软件的大发展。在这个过程中，“看不见的手”与“看得见的手”始终在共同发挥作用。而这种经验也恰恰验证了一个真理：市场在资源配置中起决定性的作用，政府的作用要更多发挥在完善环境方面。

有了消费互联网作类比，我们就可以得出一个自然而然的结论：在中国工业互联网的发展中，政府需要扮演重要的角色。

首先，在人员方面，巨大的人才缺口迫切需要国家通过持续不断地优化发展环境来填补。在国家统计局公布的2017年各行业平均工资中，信息传输、软件和信息技术服务业的年平均工资继2016年首次超过金融业后继续保持第一位。工业互联网是一个典型的融合型技术产业，从业人员不仅需要具备IT知识，更需要对制造业等垂直领域有深度的理解。这种情况下，无论是复合型的领军人才，还是专业型的开发人才，其基数都远远达不到撑起产业长期发展的要求。根据2017年教育部、人力资源和社会保障部、工业和信息化部联合印发的《制造业人才发展规划指南》：到2025年，制造业十大领域人才缺口总量为2986万人，其中与工业互联网直接相关的新一代信息技术产业人才缺口最大，为950万人。人才是产业发展的原动力，面对这样巨大的人才缺口，政府不仅需要在人才引进、人才培育上下大力气，还要通过不断完善整体经济结构、创新体系，吸引更多人才投入到高端制造业、工业互联网的行业中，单靠市场力量很难解决这样的全局性问题。

在前沿技术、共性技术研发上，我国大部分企业难以承担持续的高额投入，在我国，像华为一样能够坚持将年收入10%以上的资金用于研发投入的企业很少。根据欧盟委员会发布的2017全球企业研发投入榜单，大众以137亿欧元研发投入连续第四年高居榜首，谷歌母公司Alphabet、微软、三星、英特尔排名第 2～5 位，我国华为以第 6 名上榜。同时，由于存在竞争关系，同行业企业之间很少形成合力，这也造成了我国在诸如工业机器人这样的高端领域出现低端化发展的局面。像工业互联网这样短期内难以得到高回报的领域，企业投入的积极性更是可想而知，即便是有心恐怕也无力。如果想要在决定未来发展高度的前沿技术上争得一席之地，国家应保障基本投入。公共基础设施建设是发展工业互联网最重要的一环，从短短几年内我国就建成全球最大的 4G 网络来看，没有国家的大力支持，那些工厂外网改造升级、标识解析体系建设、IPv6 部署几乎是不可能成功的。

从产业自身而言，工业互联网发展面临的挑战远远超过消费互联网。我国 1994 年接入全球互联网，而此时全球互联网商用也不过四五年，我国市场存在大面积空白，不存在外资垄断。从 20 世纪 90 年代开始，我国企业大部分走的都是“模仿—本土化—规模化”路径，企业快速学习并采纳国际先进的技术产品和商业模式，这完全得益于相应的法律法规。我国消费互联网市场绝大多数企业为本土企业，这无形中使我国的互联网企业只需关注“内忧”而无需考虑“外患”。

此外，2C 还是 2B，决定了资本关注的程度。资本天然追逐具有爆炸性增长潜力或者想象空间的领域。以非物质形态的信息内容为核心、具备“零边际成本”特质的消费互联网，更容易得到资本的青睐甚至疯狂追逐。在消费互联网的世界里，估值并不以利润为基准而以融资需求来倒推，企业与市场更在乎的是现金流而不是亏损与否[5]。而工业互联网以 2B 业务为主，企业客户显然要比 2C 的主要客户和个人消费者更加理性和谨慎。由于与生产设备、系统、过程的直接关联，受成本、安全、投资回报周期长等多方面因素制约，工业互联网不可能像消费互联网那样具备短期爆炸性增长的潜质，因此在对资本的吸引上，短时间内工业互联网可能不会出现可以与消费互联网相匹敌的可能。

5 简练，《资本的真相互联网时代的资本市场》。

3. 中国三大平台

2017 年，三一重工、海尔集团、航天科工三家公司分别发布了根云、COSMOPlat、INDICS 工业互联网平台，这应该是我国直接以工业互联网为名发布的最早的三家平台。这三家公司都将自己的平台定位成世界级的平台、产业生态的载体、工业的操作系统。这样的定位，在随后发布的许多工业互联网平台中都较为常见。

工程机械领域龙头——三一重工，从 2008 年以来就一直在开展工程机械联网业务。其通过传感器远程采集机器的运行数据，再通过互联网进行传输，数据中心的云平台对大数据进行建模与分析，以便实时掌握机器的运行状况，开展设备监控、故障诊断、预测性维护、智能调度等新业务。2016 年，三一重工成立了树根互联公司，致力于打造工业互联网平台。在 2017 年的工业互联网峰会上，树根互联发布了根云平台。根云平台接入了 23 万台设备（后增长至 38 万台），可实时采集位置、油温、压力、工作时长等 5000 多种运行参数，对海量数据进行清洗、分类、建模、分析，生成“机器画像”。根云平台是三一重工原有相关业务的延续，更重要的是，树根互联是从三一重工独立出来的定位为提供互联网服务的年轻公司，其目标是打造跨行业、跨领域的平台。基于相似的业务逻辑，树根互联从工程机械出发，向纺织机械、农用机械、新能源装备、发电机组等 40 多个细分领域拓展业务，覆盖工地、工厂、港口等不同生产场景。有了大规模设备连接和数据分析的基础，三一重工还可以开展产业金融等多元化的业务与合作，如保险业务。像很多大型装备行业一样，工程机械行业的施工作业过程中存在着发生碰撞、倾覆、跌落等事故的风险，用户非常有必要通过保险来降低使用机械过程中可能产生的损失。三一重工 2015 年就投资组建了久隆财产保险公司，开展装备制造专业保险服务。利用根云平台，三一重工可以根据机器数据构建精算模型，对保险产品进行精准、动态定价。又如公共服务，2017 年 7 月，在李克强总理召开的经济形势座谈会上，三一指数备受关注。三一指数是指全国各地施工现场一台台挖掘、起重、压实、桩工、路面机械汇聚而成的大数据。20 多万台工程机械设备每天产生 2 亿条、超过 40TB 的海量生产数据，这些数据勾勒出了我国基础设施建设的图景，反映出全国固定资产投资情况乃至宏观经济整体走势。

COSMOPlat 是海尔过去几年打造的开放式设计研发、智能互联工厂、电商渠道、物流配送、创业创新孵化等若干平台的打通、集成和升级，紧紧服务于海尔的网络化战略定位，聚焦用户全流程参与、大规模定制和共创生态，这些都是海尔“企业平台化、员工创客化、用户个性化”理念落地的重要载体，它并不是一个设备连接的平台，也不是工厂运营的平台，其出发点就是实现用户拉动式的大规模个性化定制，通过让用户全程参与创意提出、产品设计、产品预售、在线监督再到产品迭代的全流程，提高产品市场竞争力、降低内部成本、提升用户黏性，海尔天铂空调就是一款在 COSMOPlat 之上实现大规模个性化定制的典型案例。在该空调的生产过程中，用户首先提出创意，接着 30 多位家电发烧友共同设计模型，1000 多名用户在线参与设计过程，产品在设计阶段就获得了 10000 多名用户的预约下单，用户还可以通过手机客户端随时在线监督生产过程。COSMOPlat 的落脚点在于企业组织方式的变革，在于推倒传统的封闭围墙，打散传统的金字塔结构：对内使“在册”员工变为“在线”创客，在平台之上进行创新创业，激发内部活力；对外，广泛接入外部设计、生产、服务资源，扩大合作空间，甚至进行跨行业、跨领域的业务布局，创建所谓的“共创共享的开放生态”。

中国航天科工集团有限公司（简称航天科工）也于 2017 年 6 月 15 日发布了 INDICS 工业互联网平台。根据官方解释 INDICS（Industrial Intelligent Cloud System）是以工业大数据为驱动，以云计算、大数据、物联网技术为核心的工业互联网开放平台，致力于实现产品、机器、数据和人的全面互联互通及综合集成，旨在成为工业互联网的“安卓操作系统”。航天科工的董事长对 INDICS 是这样描述的：“因为中国的制造业多数处于工业 2.0 时代，少数处于工业 3.0 时代，极少数分布于工业 1.0 时代和工业 4.0 时代两端。从中国实情出发，INDICS

需要具备比美国和德国工业互联网更多的功能，必须服务于制造业的新老形态、大小规模，服务于各种体制、各种业态的市场主体，向用户提供全过程、全要素、全生态的服务。”INDICS 旨在推动工业制造领域实现信息互通、资源共享、能力协同，同时牵引线下的智能化改造，实现智能制造、协同制造。到平台发布之日，INDICS 已经成功应用于高端装备、模具、家具、电子等多个制造行业，并在各地方加快落地，构建了贵州工业云、京津冀工业云等区域云平台，实现了平台生态扩大与地方转型升级的双赢。该平台的注册企业数量超过了 80 万家，中小微企业超过 90%，线上协作需求发布约 1000 亿元，协作成功 400 亿元。一些传统企业用户利用 INDICS 节约 30%以上的项目研发成本，将研发周期缩短了 60%以上。

越来越多的企业开始“发布”自己的工业互联网平台，当然，这种发布更多是为了扩大影响力而进行的商业宣传，并不完全等同于常见的新品。绝大多数工业互联网平台在“发布”之前已经有了市场化的开放运营模式。我们仔细比较三一重工、海尔集团、航天科工三家的平台，会发现，尽管它们都称自己是工业互联网平台，但其业务模式却不完全一致。

10 年前，苹果发布了第一代 iPhone，谷歌组建了开放手机联盟共同研发、改良 Android。至此，智能手机，或者说移动互联网的黄金年代被开启。有人说，智能手机不是手机变得智能，而是手机搭载了计算机的功能。智能手机的第一属性已经不是“电话”，而是计算机，它的核心是操作系统。苹果作为设备厂商，以自己的产品为依托，构建了引领时代的 iOS 生态。谷歌联合了最广大的利益相关方，建立了更加开放的 Android 生态。10 年后，“工业互联网”铺天盖地而来，促进了一批能够连接设备、承载数据、搭载应用的“工业互联网平台”的诞生。人们乐于将其称为工业互联网时代的“操作系统”，一时间，乱花渐欲迷人眼。

在中国工业互联网产业联盟发布的《工业互联网平台白皮书（2017）》中，工业互联网平台被认为是工业云的延伸，其包括了边缘层、平台层（工业 PaaS）与应用层三级结构，这种界定代表了我国对于工业互联网平台的官方界定，如图 3-2 所示。本书试图从业务的侧重点上对工业互联网平台进行分类比较，尝试从非技术的角度描绘工业互联网平台的轮廓。

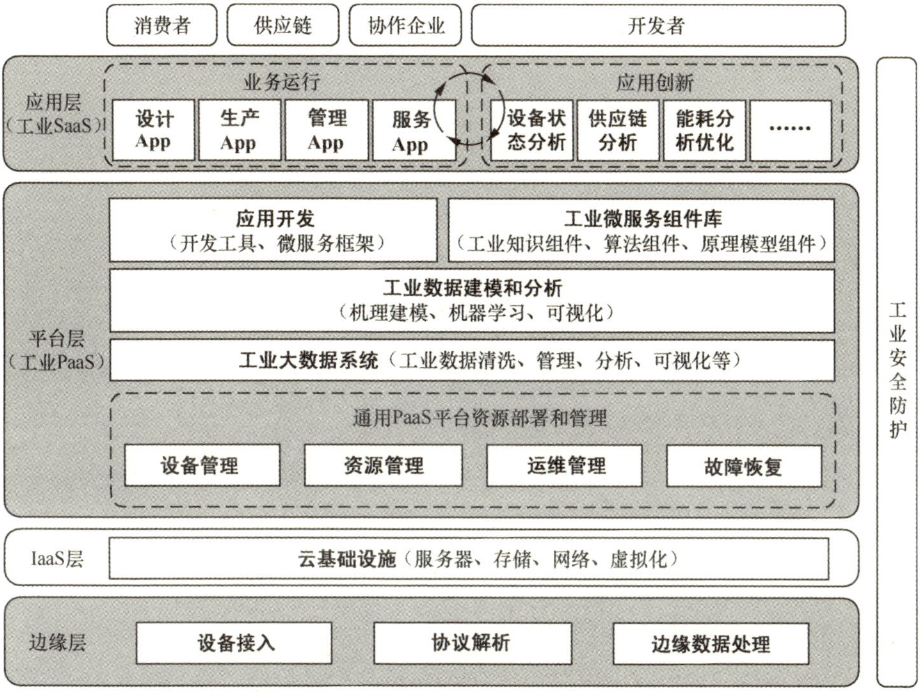

图 3-2　工业互联网平台功能架构[6]

工业互联网平台可以有广狭之分，如图 3-3 所示。

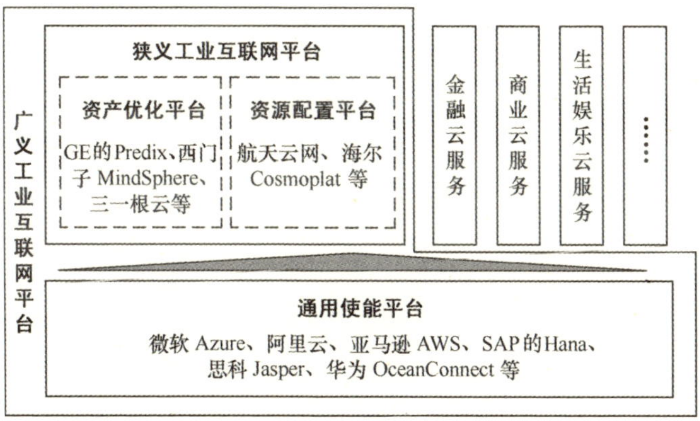

图 3-3　不同类型的工业互联网平台

[6] 引自工业互联网产业联盟，《工业互联网平台白皮书（2017)》。

狭义工业互联网平台产生于工业互联网、聚焦工业互联网，它是工业互联网的重要标志和关键组成，它更多体现的是“+互联网”，主要由制造企业、自动化解决方案、工业软件解决方案等与工业生产具有天然紧密联系的企业来提供。根据服务对象和侧重方向不同，狭义工业互联网平台又可以被分为两大类：一是资产优化平台——国际上聚焦的 IIoT 平台，这类平台服务目标是设备资产的管理与运营，其利用传感、移动通信、卫星传输等网络技术远程连接装备、产品，在云端汇聚海量设备、环境、历史数据，再利用大数据、人工智能等技术及行业经验知识对设备的运行状态与性能状况进行实时智能分析，最终以工业应用程序（工业 App）的形式为生产决策提供数字化、智能化服务，甚至帮助改进产品的设计和研发方案，如 GE 的 Predix、西门子的 MindSphere、美国参数技术公司（PTC）的 ThingWorx 以及我国的三一根云等；二是资源配置平台，这类平台更加聚焦要素资源的组织与调度，通过云接入分散海量的资源，对制造企业资源管理、业务流程、生产过程、供应链管理等进行优化，提升供需双方、企业之间、企业内部各类信息资源、人力资源、设计资源、生产资源的匹配效率。根据平台提供者所处领域的行业特点、业务类型、市场特点的不同，资源配置平台又包括按需定制平台、软硬件资源分享平台、协同制造平台等不同类型的平台，它们的本质是相同的，都是对资源的精准配置和对流程的灵活重组，以我国的 INDICS、COSMOPlat、智能云科（ISESOL 平台）等为代表。

广义工业互联网平台除了包含上述两类平台之外，还包括通用使能平台。这类平台提供云计算、物联网、大数据的基础性、通用性服务，更多体现“互联网+”，其主要由互联网企业、通信企业来提供[7]。其中，有的平台侧重于云服务，如微软的 Azure、SAP 的 HANA、亚马逊的 AWS 以及我国的阿里云、腾讯云等；有的平台侧重于物联网管理，如思科的 Jasper、华为的 OceanConnect 等。从业务范围来看，此类平台除了为工业互联网提供技术支撑，还广泛服务于商业、金融、娱乐、生活服务等各产业；从出现时间来看，此类平台发展普遍要

[7] 其中不乏 IBM、SAP 这样一直开展企业级业务的 IT 企业，但它们过去也主要侧重 IT 层，很少介入 OT 层。

早于工业互联网。狭义上，通用使能平台不纯粹是工业互联网平台，但目前，ICT 巨头们都将工业互联网作为平台业务拓展的重点，为资产优化平台和资源配置平台的部署提供连接、计算、存储等底层技术支撑，使上层平台专注于工业生产直接相关的服务，从而实现专业分工，发挥叠加效应。例如，GE 的 Predix 在部署用于微软的 Azure 平台时，得到了微软在云服务基础架构、人工智能、高级数据可视化等方面的支撑；西门子 MindSphere 基于 SAP 的 HANA 设计开发，部署于 Azure 平台；腾讯云为三一根云平台提供大数据存储和运算能力；阿里云面向工业领域推出了 ET 工业大脑，为机械、光伏、橡胶等领域的多家制造企业提供云计算和深度学习服务。因此，广义上，通用使能平台也可以被看作是工业互联网平台中重要的一大类。

如果我们将 GE、西门子、ABB、施耐德、博世等工业巨头比作当年发展智能手机的苹果，其从实体产品延伸至服务，塑造“知名品牌+高端产品+先进平台”的立体化新优势；那么微软、思科、SAP、PTC、阿里巴巴这些 ICT 大鳄们，则更像是当年依托通用服务能力闯入智能终端领域的谷歌，其将工业互联网作为云计算、物联网、人工智能业务拓展的新方向，抢占线下的未来主动权。

如果说资源配置平台更像是经济学意义上的“操作系统”，那么资产优化平台以其对开发、对系统的承载，则更像是一种计算机科学意义上的“操作系统”。后者，即 IIoT 平台，很显然已经成为全球工业互联网竞争的制高点，但它对产业的作用真的会像 Windows、iOS、Android 吗？我们先从此类平台的价值说起。

从平台特征来看，这类平台是互联网创新技术、生态模式在工业领域复制、融合的突出体现。一方面，这类平台充分融入主流、前沿的物联网、云计算、大数据、人工智能等技术，例如，西门子 MindSphere 平台采用了内存计算的先进计算模式，并引入了 IBM 的 Watson 人工智能技术；GE 的 Predix 平台基于云计算流行的开源架构 Cloud Foundry；东芝与 EMC 共建的工业互联网测试床在其平台引入机器学习技术。另一方面，这类平台充分采用互联网行业的开发模式和应用服务提供模式，例如，MindSphere、Predix 等都提供真正的软件开发环境和开发工具，强调第三方开发者和应用程序接入，旨在形成类似 Android、苹果 App 商店的第三方开发应用生态。

从现实意义来看，这类平台是制造业绿色化、服务化、高端化、智能化升级的重要支撑。平台直接获取机器设备的运行参数，通过对海量历史经验数据、实时运行数据的集成与建模分析，实现远程设备状态监控、预测性维护、能效管理等智能化服务，提高机器效率，降低能耗、故障率，拓展服务和价值空间，从而带来巨大的经济和社会效益。埃森哲公司预测：到 2030 年，工业互联网将为全球 GDP 贡献 15 万亿美元，GE 公司曾预测：工业互联网将使我国工业企业效率提高 20%、成本下降 20%、能耗下降 10%，实现这些目标的依托就是资产优化平台。

从长期竞争来看，这类平台将成为未来制造业主导权的战略必争。工业巨头是目前推进此类平台发展的主力，它们试图通过平台进一步强化自身在各自领域的主导地位：一是利用平台为自己的高端产品提供服务，通过丰富、专业、智能、精准的应用服务，使用户获得更好的体验和收益，形成对其产品更强的黏性；二是通过平台为第三方工业设备提供优化服务，即提供公有云，这使得广大第三方，特别是中小厂商需要为平台开放符合平台标准的数据，形成对巨头企业的从属关系；三是借助平台获得海量的运行数据，形成对企业、行业更加精准的预知；四是依托平台培育开放的开发者生态，形成良性循环。

从产业影响来看，资产优化平台对实体经济的战略意义体现为对长期产业主导权的掌控。资产优化平台具有技术知识密集、附加值高、关联性强、带动性大等特点，不仅可为高端产品提供优化服务，本身也是高端制造必不可少的重要组成部分，其将加速以“先进产品+智能服务”为特征的新一代高端制造业发展。

资产优化平台是未来发展的重点方向，但在作者看来，像 Windows、iOS、Android 那样的得平台者得“天下”的局面出现的可能性并不大：一方面，这三大操作系统意味着通用性[8]，工业细分门类之多、具体需求之杂、巨头割据局面

[8] 苹果尽管是封闭的体系，但因为量级巨大、场景简单，已经形成了庞大的内循环，从这种角度来看，它仍然是通用的。

之复杂，决定了全产业通用的“操作系统”不太可能出现、也没必要出现；另一方面，操作系统意味着基础性，对于计算机而言，操作系统是必要的，离开它计算机将无法运行，但工业互联网平台对工业生产的意义更多在于对生产和服务的优化，而非必要。

资源配置平台可以说是我国特有，国外工业互联网发展中此类平台很少出现。它源自我国工业发展中资源错配、结构失衡等“经济学”顽疾。解决这些经济发展中的问题的根本途径是依靠供给侧结构性改革，但技术手段也的确可以为难题的治疗提供一剂良方。

从促进产能优化的角度来看，资源配置平台将分享经济、众创经济等消费互联网领域的新理念、新模式引入生产制造领域，推动制造业开放创新资源，有效盘活闲置存量资产，激发新的增长点。例如航天云网的专有云，它接入了集团内 600 余家单位，对设计模型、专业软件以及 1.3 万余台设施进行共享，有效解决了生产单元产能闲置与超负荷运转同时存在的问题，使集团资源利用率提升了 40%。还有智能云科 ISESOL 平台，它接入分布在全国各地的 i5 机床，根据订单情况智能匹配产能，大规模订单由需求方周边产能承接，单件或小批量订单也可以在合并汇聚后被接单，用户还可实时查看设备的忙闲状况和生产进度，掌握生产信息，制订生产目标。

从提升产业协同的角度来看，这类平台有助于推动信息对称的实现，打破地理约束，促进区域性、全球化生产协同的实现。例如，中国商用飞机有限责任公司通过网络协同研制国产大飞机 C919，全球数百家供应商和相关企业通过一体化的研发设计平台，进行跨企业、跨地域的协同设计，使 C919 的研制周期缩短了 20%。有趣的是，在工业互联网平台的概念被提出之前，这种模式就已经被商业飞机研制过程所采用，波音、空客采用这种模式设计和制造飞机的时间还要更早。这再次证明，工业互联网平台本身并不是 100%的新事物，它其实是云计算、物联网、大数据、人工智能面向工业场景的交叉叠加，叠加的元素与深度决定了工业互联网平台的发展程度。

从提升供给质量的角度来看，这类平台可前端连接大众用户，后端连接智能工厂，使企业实现供需的直接交互和精准对接，从而使企业方便开展以用户为中心的 C2B 定制（拉动式生产），满足市场多样化需求，助推增品种、提品质、创品牌的目标，同时避免库存积压和产能过剩。前文中提到的海尔通过 COSMOPlat 平台开展的个性化定制，其实就是一种需求端拉动式的生产，它保证了海尔相关的生产线产品 100%订单有主，订单交付周期缩短 50%以上，产品的不入库率接近 70%。

4. 全球风向变了吗

2017 年，全球工业互联网倡导者 GE 翻开了新的一页。执掌 GE 16 年的董事长兼 CEO 杰夫·伊梅尔特将退休，他的继任者是医疗集团董事长兼 CEO 的约翰·弗兰纳里。2017 年 7 月 31 日，杰夫·伊梅尔特在退休的最后一天，在 LinkedIn 上发表了博客作为临别寄语。在这篇告别辞中，杰夫·伊梅尔特当然不会遗忘他倾力推进的工业互联网："未来到来，永远不要为曾经的投入而后悔……工业互联网和增材制造将定义 GE 的未来，不要放弃"。同时，这位"老船长"也不忘给"新舵手"给予溢美之词："他是一个有思想、自律、有魅力和远见的领导人……他是带领通用电气走向未来的最合适的人选……我相信约翰·弗兰纳里会用自己的方式来胜任 GE CEO 的工作。"

的确，约翰·弗兰纳里有他自己的方式。2017 年 8 月，新 CEO 约翰·弗兰纳里一上任就宣布："未来 GE 将专注三大业务：航空、电力和医疗。"他的计划是，到 2018 年年底，削减 30 亿美元的成本。这意味着再生能源、电力、交通、照明、金融等其他业务版块都将面临着"瘦身"。2017 年 9 月，GE 以 26 亿美元将工业解决方案部门出售给欧洲工业巨头 ABB。2017 年 10 月，GE 宣布三名高管辞职，其中包括 GE 第一位女性副董事长，伊梅尔特 GE 数字化转型的得力助手 Beth·Comstock。2017 年 11 月，GE Digital 裁掉在美国的 100 多名销售人员，其中涉及 Predix 相关人员。2017 年 12 月，GE 官宣，能源部门将裁员 12000 人，目标是 2018 年降低结构性成本 10 亿美元。

位于上海张江的 GE 中国研发中心，也不可避免地成为这场整体战略调整下的“牺牲品”。GE 中国研发中心筹建于 2000 年，于 2003 年投入使用，研发人员近 3000 名，曾经为 GE 各业务集团提供基础科研、新品研发、工程开发和采购服务。如今，该研发中心的基础科研职能将划上休止符，相关人员将被转岗或被裁掉。

在伊梅尔特的带领下，GE 全力以赴向数字化工业公司转型。在金融危机以后，卖掉了家电、媒体、保险、塑料等一系列非核心业务资产，又收购了一系列软件公司和解决方案企业，买进卖出的总额接近 6000 亿美元。它们的目标是 2020 年前成为市值 150 亿美元的软件公司，跻身全球前十位。就像伊梅尔特那句名言一样：“也许你昨晚入睡前还是一个工业企业，今天一觉醒来却成了软件和数据分析公司。”然而，加大研发、数字转型、布局未来，都不是短期内立竿见影的事情，自伊梅尔特 2001 年上任至他退休，GE 的股价跌幅近 30%。

为了重返实业，GE 的老 CEO 将三分之二的金融资产剥离。巧合的是，1987 年加入 GE 的新任 CEO 约翰·弗兰纳里，正是做金融起家的，他曾在 GE 金融集团工作了 20 年。约翰·弗兰纳里上任伊始一系列雷厉风行的举措，给 GE 数字化转型以及工业互联网的未来罩上了一团迷雾，引发了外界的广泛猜测和热烈讨论。

保守派猜测伊梅尔特的工业互联网战略会就此被“清算”，就像其推动者之一 Beth 出局那样。因为耗资巨大却迟迟没有带来预期利润的 Predix，与集团公司和投资人的期望似乎格格不入。特别是当期望“讨好”投资人的新 CEO 一系列大动作之后，GE 在资本市场的表现仍未有好转的时候，约翰·弗兰纳里又一再强调 2018 年是重置之年（Reset）的时候，人们也有理由相信需要进一步大刀阔斧地调整。整个 2017 年，GE 股价下跌了 40%，而标普 500 指数却上涨了 22.5%。GE 成为道·琼斯指数成份股中 2017 年表现最差的一只，而同时，它又以全年接近 20000 人的数量成为宣布裁员最多的美国公司。

乐观派认为工业互联网、数字化转型仍然会是 GE 的大方向。约翰·弗兰纳里的一系列控制成本、聚焦核心的动作，恰恰表明了他正在以利润为导向带领 GE 更加务实地进行数字化转型，毕竟能够让高大上的愿景得以变现才是商业的本源。据第一财经报道，GE 全球高级副总裁、GE 中国总裁兼首席执行官段小缨也曾不止一次表示，伊梅尔特为 GE 注入的工业互联网基因可能不会出现较大的调整[9]。

GE 该何去何从，CEO 本人给出了答案。在 2017 年财报开篇致投资人、客户、合作伙伴和员工的信中，约翰·弗兰纳里写到：数字化对我们的未来至关重要，但是我们在收缩投资范围和力度。（Digital is critical to our future, but we are tightening the scope of where and how much we're going to invest）。我们对未来数字化发展的信念绝对不会改变，仅仅是在方式上做出调整（There is absolutely no change in our belief in the digital future—only some adjustments in our approach.）。这两句话似乎在回应外界的疑虑，他也直白地点出了对 GE 数字化转型之路的定位——战略上至关重要，战术上更加稳健。我们用一句俗语说就是“抬头看路、低头拉车”。没有长远的定位和愿景，对于 GE 这样一家业务遍及 180 多个国家和地区、拥有 30 多万名员工的全球化巨头来说，就意味着慢性死亡。而只讲“情怀”不讲回报，投资人的热情终有一天耗尽，宏伟的目标也许就永远无法实现。

从约翰·弗兰纳里的话回过头再来审视 GE 以 Predix 平台为核心打造的工业互联网业务，我们会发现，其实 2017 年来，GE 可谓稳扎稳打，步步为营。

在合作伙伴上，GE 的“朋友圈”进一步扩大。如果说 2017 年上半年抢占中国市场是伊梅尔特退休前的大手笔，那么 2017 年下半年与苹果合作则预示约翰·弗兰纳里延续了老 CEO 的战略布局。2017 年 10 月，两家企业宣布合作，推出一款适用于 iOS 的 Predix 软件开发套件（SDK），为开发者构建基于 iOS 的工业 App 提供新的开发工具，它们还将共同发布众多工业 App，并将 Predix 的预测数据和分析能力带入 iOS，让 iPhone 和 iPad 的用户们可以方便地使用 Predix 上的工业 App。苹果 CEO 蒂姆·库克这样描述双方的合作：苹果与 GE 携手合作，将 GE 的 Predix 平台与功能强大且简约的 iPhone 和 iPad 结合起来，为工业领域的运作方式带来巨大变革。如今的 Predix，已经汇聚了全球超过 33000 位开发者和 300 多位合作伙伴。在 GE 的横向合作伙伴中，有微软、亚马逊、苹果，它们弥补了 GE 在云计算、人工智能等方面的相对短板。在纵向合作伙

[9] 《GE 考虑今春分拆，专注打造“小而精”公司》。

件中，有咨询公司埃森哲、软件企业印孚瑟斯（Infosys）、TATA 等，它们基于 Predix 平台，为工业设备性能提升、预测性维修、供应链管理等应用开发了定制化的解决方案。与此同时，GE 仍然不遗余力地向中国推广它们的工业互联网解决方案。2017 年 3 月，GE 与中国电信签署协议，合作推动 Predix 工业互联网技术在中国市场落地，中国电信将提供相关的网络基础设施和运营服务，由旗下全资子公司负责 Predix 在中国的运营和推广。

在平台技术上，Predix 可谓与时俱进。整个 Predix 体系更加强调分布式智能，它强化了边缘计算的角色。2015 年的架构中，边缘层更多强调连接，侧重数据采集，并将它作为云端计算分析的前提。2017 年边缘计算被提升到与云计算相互补充的重要地位。由边缘端负责时延敏感、带宽敏感、网络连接不能保障、安全性合规性要求高的几类业务，由云端负责数据量大、扩展性可靠性要求高、需要与企业其他系统进行集成的业务，二者相辅相成，密不可分。GE 不仅提出了 Predix 体系下的边缘计算架构，更是开发出了众多相应产品并投入使用。如 GE 交通针对火车机车设备绩效管理的智能分析软件 EdgeLINC，该软件就通过云计算和边缘计算配合协同，提升铁路运输的效益。由于火车在持续运行中面临断网的状态，因此火车行进中产生的大量数据就更加需要在边缘侧进行计算分析，而非云端处理，从而保证及时给出反馈建议。云端则负责车队层面和公司层面的优化调度。EdgeLINC 已经部署在北美 1000 多辆火车头上。此外，大数据处理、机器学习，甚至 5G 等新技术都被 GE 列为未来一段时期 Predix 功能不断完善的重要板块。图 3-4 为 Predix 平台组成的要素。

在业务业绩上，GE 前期投入开始得到回报。2017 年，GE 一年一度的“Minds+Machines”大会，吸引了全球近 60 个国家 3500 多人参会。GE 展示了一系列鲜活的工业互联网应用案例。澳洲航空公司与 GE Digital 联合开发的第一款完全基于 Predix 的移动 App——FlightPulse，已经有超过 1700 名飞行员使用。飞行员可以在飞行结束后，在 iPad 上使用这款 App 以可视化的形式了解自己的飞行数据，掌握飞机燃油使用情况，进而了解自己该如何改进操作，减少油耗。通过使用包括 FlightPulse 在内的分析套件，澳洲航空每年可节约超过 3000 万公斤

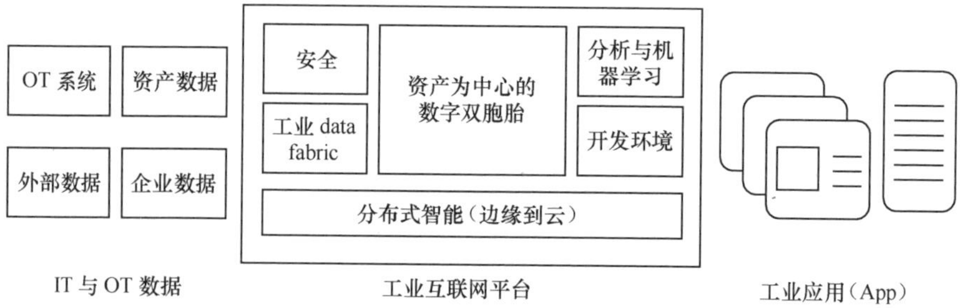

图 3-4 Predix 平台组成的要素[10]

的燃油，实现伊梅尔特曾经期望的“1%威力”[11]。英国石油巨头 BP 公司与 GE 联合推出的基于 Predix 开发的数字化解决方案 POA（Plant Operation Advisor），已经帮助 BP 提升了墨西哥湾炼油厂性能，并将于 2018 年在 BP 的全球炼油工厂部署。美国最大核电公司爱克斯龙（Exelon）部署了 Predix 的完整套件，并应用在全公司的 33GW 核电、混合电力、风电、太阳能和天然气的电厂上。墨西哥最大的铁路运营商 Ferromex，利用 GE 工业互联网解决方案，实现了 7×24 小时对 100 辆列车进行健康和性能的实时监控和分析，并通过精细化地分析，对列车进行预测性运维，减少了宕机时间和维修成本[12]。在整个 2017 年，Predix 驱动的订单增长了 150%，管理层更是期望 Predix 产品收益能够在 2018 年接近 10 亿美元，实现翻番。

2017 的“Minds+Machines”大会上，约翰·弗兰纳里在第一次作为 GE 董事长兼 CEO 主持会议时，确立了“快速演进和数字化产业转型”的主题。

关于工业互联网，GE 已经度过了 what 与 why 的阶段，正在不断地攻克着一个又一个 how 的问题，并在这个过程中，由 how 逐渐积累成 know-how。

如果说 GE 在 2017 年的调整，曾一度让业界对工业互联网还能走多久产生过摇摆，那么 ABB 的加入，则对工业互联网的商业落地释放了强烈的积极信号。当然，这也使工业互联网乃至整个高端工业解决方案领域的竞争进一步升级。ABB 是由瑞典的阿西亚公司（ASEA）和瑞士的布朗勃法瑞公司（BBC Brown

10 图片源于 GE，《PredixTheapplication platform for digital industrial solutions》。

11 见“工业互联网的缘起”一节。

12 寄云科技 CEO 时培昕，《GE Minds+Machines 见闻》。

Boveri）两个百年老店（分别成立于 1883 年和 1891 年）在 1988 年合并而成的一家跨国集团，它的总部设在瑞士的苏黎世，是全球电力和自动化技术领域的龙头企业，集团业务遍布全球 100 多个国家和地区，包括电气产品、机器人与运动控制、工业自动化、电网四大事业部，客户市场覆盖流程工业、离散工业、交通运输、楼宇、基础设施、电力等各大领域。

2017 年被 ABB 视为转型之年，它们成功剥离了高压电缆业务，收购了机械与工厂自动化领导企业贝加莱以及 GE 的全球工业系统业务，将重心转向高成长性业务领域。而所谓高成长性，核心就是数字化。2017 年 3 月，ABB 推出了自己的工业互联网整体解决方案——ABB Ability，包括设备、系统、解决方案、服务以及工业互联网平台。Ability 通过打造统一的、跨行业的、“云—边缘—设备”集成的数字化能力，为客户创造新的价值，进一步保持在电气、机器人、工业自动化、电网等众多领域的技术产业领先优势。与 GE 的 Predix 一样，ABB Ability 同样强调边缘（Ability Edge）与云（Ability Cloud）的协同，Ability Edge 主要用于设备和生产控制的数据采集和预处理，Ability Cloud 对边缘端传递来的数据进行集成管理和大数据分析，形成智能化决策与服务应用。

在工业互联网的起步上，ABB 看似比 GE、西门子、施耐德都慢了一步，但是 ABB Ability 已经提供了超过 210 个工业互联网解决方案，覆盖电力、化工、采矿、电网、离散加工、水处理等多个领域，为壳牌石油、巴斯夫、沃尔沃、宝马等众多全球领先企业提供服务。我们以美国最大的发电集团美国电力公司（American Electric Power Co.）为例。ABB 为美国电力公司的变压器、断路器和蓄电池分别加装了 8600 个、11500 个和 400 多个传感器，对设备进行数据采集，通过 ABB Ability 平台实时监控设备参数，并对采集汇聚的大数据进行分析，给出设备状况判断和预测性维护建议。这一方案，使美国电力的高压设备运行和维护风险降低了 15%，设备寿命延长了 3 年，维护成本下降了 2.7%，设备维护效率提高 4%，维护策略成效提升 8%[13]。

ABB 还与微软、IBM 等 IT 企业建立了合作伙伴关系。Ability Cloud 就搭载

---

13 工业互联网产业联盟，《工业互联网白皮书（2017）》。

在微软 Azure 上，ABB 的下一代数字化解决方案和服务也都将基于 Azure 开发和构建。ABB 首席执行官史毕福信心满满地说，“作为一名数字化领域的创新技术领先者，ABB 拥有超过 7000 万个连接设备和 7 万个控制系统，在支持客户数字化转型中 ABB 有着独一无二的优势”。

第 4 章

2018——新的开始，从概念热点到产业高点之路

工业互联网的确是变革性的。它将改变竞争的基础，重塑产业的边界，催生一波新的颠覆性企业——就像今天的互联网催生了亚马逊、谷歌和 Netflix 那样。

——2015 年世界经济论坛[1]

[1] The Industrial Internet is indeed transformative. It will change the basis of competition, redraw industry boundaries and create a new wave of disruptive companies, just as the current Internet has given rise to Amazon, Google and Netflix.

1. 信号再释放

2018 年 1 月 30 日，十九届中共中央政治局以“建设现代化经济体系”为主题，进行了第三次集体学习。习近平总书记强调，“实体经济是一国经济的立身之本，是财富创造的根本源泉，是国家强盛的重要支柱。”“要深化供给侧结构性改革，加快发展先进制造业，推动互联网、大数据、人工智能同实体经济深度融合，推动资源要素向实体经济集聚、政策措施向实体经济倾斜、工作力量向实体经济加强。”而在 1 个多月前以“实施国家大数据战略”为主题的第二次集体学习上，总书记指出，“要构建以数据为关键要素的数字经济。建设现代化经济体系离不开大数据发展和应用。我们要坚持以供给侧结构性改革为主线，加快发展数字经济，推动实体经济和数字经济融合发展，推动互联网、大数据、人工智能同实体经济深度融合，继续做好信息化和工业化深度融合这篇大文章，推动制造业加速向数字化、网络化、智能化发展。要深入实施工业互联网创新发展战略，系统推进工业互联网基础设施和数据资源管理体系建设，发挥数据的基础资源作用和创新引擎作用，加快形成以创新为主要引领和支撑的数字经济。”

连续的两次政治局学习，一次突出了数字经济，另一次强调了实体经济，二者的结合又被反复强调，个中的重大意义不言而喻。2016 年在杭州召开的 G20 峰会上，“数字经济成为全球经济增长的重要驱动力”这一论断，就成为共识被写入了《二十国集团数字经济发展与合作倡议》中。而“建设现代化经济体系，必须把发展经济的着力点放在实体经济上”，更是在十九大报告中明确强调的。

关于实体经济以及与之对应的虚拟经济，人们都有自己直观的感觉，但真要把两者准确界定清楚又不是一件容易的事。按照美国国家经济分析局的分类方法，农林渔牧、采矿、公共事业、建筑、制造、仓储运输、信息、批发、零售归为实体经济，这也符合一般人们对实体经济的判断。对虚拟经济，更是缺乏一致的定义，有虚拟资本的视角、有网络经济的视角、有计算机模拟视角。

我更倾向于经济学泰斗成思危先生的观点——虚拟经济是与实体经济相对应的一种经济模式，是以虚拟资本为基本形式，以金融平台为主要依托所从事的经济活动，是以此为基础衍生各种与经济关系相关的集合。虚拟经济产生于实体经济，又依附于实体经济。虚拟经济活动在物质生产活动之外，因此它本身并不能创造社会财富，它的作用是对实体经济创造的财富进行再分配[2]。

关于数字经济，它最早由美国经济学家唐•泰普斯科特于 1996 年正式提出。今天的数字经济，被认为是继农业经济、工业经济后更高级的经济阶段，它以数字化的信息和知识为关键生产要素，以数字技术创新为核心驱动力，以现代信息网络为重要载体，以各产业不断提升的数字化、智能化水平为表现形态[3]。从农业经济、工业经济到数字经济，并非简单地逐层替代（工业经济/农业经济与工业/农业不同，前者是处于社会主导地位的经济形态，后者是产业划分），而是时代演变下的升级。假如把农业经济看成是一维，那么工业经济则是二维，它叠加覆盖了农业经济（农业工业化），而数字经济又叠加覆盖了工业经济与农业经济（工业数字化、农业数字化），升至三维。

在作者看来，实体经济与数字经济是描述经济的不同视角。实体经济更像是一种几何上的视角，关注经济的组成结构，它代表着经济发展的重心。而数字经济是一种时间上的视角，关注经济的发展阶段，它代表着经济发展的方向。发展实体经济是为了更稳固的经济，发展数字经济是为了达到更高水平、更高质量的经济。二者的融合发展，是重心与方向的结合，是经济乃至社会发展不迷途、不停滞的保障。实体经济与数字经济融合，是以数字经济之“矢”射实体经济之“的”，如图 4-1 所示。其通过数字经济创新，达到驱动实体经济转变发展方式、优化经济结构、转换增长动力。

我们的主角——工业互联网，恰恰成为了实体经济与数字经济相结合的重要桥梁。这也许就是为什么要“深入实施工业互联网创新发展战略”的原因，也是给相关部门、机构、企业、市场推进工业互联网释放了更加明确、肯定的信号。

---

[2] 成思危，《虚拟经济概览》。

[3] 中国信息通信研究院，《中国数字经济发展白皮书（2017 年）》。

图 4-1 数字经济之“矢”射实体经济之“的”

2018 年 3 月，全国两会如期而至。这是十九大以来第一次全国两会，也是 20 年来会期最长的一次全国两会。此次两会涉及宪法修正、政府换届、党和国家机构改革、监察法出台等多项重磅议程，2018 年两会对于国家和民族的意义极其重大、影响极其深远。

2018 年政府工作报告继续强调深入推进供给侧结构性改革。而“发展工业互联网平台”，则出现在了其中“加快制造强国建设”这部分。深入推进供给侧结构性改革—加快制造强国建设—发展工业互联网平台”，这个递进关系，可以清晰地看出工业互联网平台在当下所要承担的使命。如果按照篇幅，在 20555 个字的《政府工作报告》中，“发展工业互联网平台”短短 9 个字，似乎力度不够。但如果把整句连起来看，“推动集成电路、第五代移动通信、飞机发动机、新能源汽车、新材料等产业发展，实施重大短板装备专项工程，推进智能制造，发展工业互联网平台，创建‘中国制造 2025’示范区”，我们就可以发现，工业互联网平台与集成电路、飞机发动机这些极为重要的关键性、基础性、战略性产业并列在一起，与智能制造、重大短板装备专项工程这些制造强国重大任务并列在一起，其重要性不言而喻。

事实上，这也并不是政府工作报告首次提出工业互联网，早在 2015 年的政府工作报告中就提出工业互联网。但与 3 年前相比，这一次，工业互联网独立成文，而且更加明确地落实到“工业互联网平台”上，工业互联网显得更加实化和细化，也更加贴近产业当前的热点。

两会期间，工业互联网引发了过去从未有过的热议，关于工业互联网的提案、报道、采访接连不断。腾讯 CEO 马化腾以全国人大代表的身份提交了《关于加快发展工业互联网促进实体经济转型升级的建议》，他建言：加快网络改造升级，夯实工业互联网的发展基础。将我国推进工业互联网、实体经济数字化转型的经验上升为独具特色的中国经验、中国方案。2015 年，也是马化腾在当年的两会上提交了《关于以“互联网+”为驱动，推进我国经济社会创新发展的建议》，同年，国务院正式印发了《关于积极推进“互联网+”行动的指导意见》，全国掀起了轰轰烈烈的“互联网+”浪潮。作为全国政协委员的奇虎 360 董事长周鸿祎则认为，工业互联网安全覆盖面广、业务差异大、敏感度高，应制定促进工业企业与网络安全企业合作的鼓励政策，成立国家级企业，选择汽车、航空航天、能源等重点产业集中攻关，合作研发高精尖安全产品和解决方案，共同打造高效、安全的工业互联网。早在 2014 年，奇虎 360 就成立了工业控制系统安全国家地方联合工程实验室。过去的一年里，这家互联网安全公司通过各大峰会展示其工业互联网安全成果，先是在 2017 工业互联网峰会上亮相了国内首个工业互联网安全态势感知和预警平台，随后又在中国国际大数据产业博览会上全景展示网络攻击的工业互联网攻防演示平台，在乌镇举办的第四届世界互联网大会和 2018 工业互联网峰会上，奇虎 360 展出了其工业互联网态势感知系统。全国人大代表、浪潮集团董事长孙丕恕表示，工业互联网能打造智慧企业大脑，形成企业运营的智能决策、指挥，推动企业数字化转型，助推企业效率提升和产品质量升级。浪潮这种大型 IT 企业，也看到了工业互联网的发展机遇，在 2017 年的乌镇互联网大会上，它们发布了自己的工业互联网平台——M81，其布局数据采集、云中心、工业 PaaS 和工业云市场。

为落实中央的部署，地方政府相关文件进入了密集制定发布期。除了在 2017 年已经出台文件的辽宁和上海外，广东、河北、安徽、天津、福建、重庆也在 3 月～5 月相继出台本地工业互联网发展政策。工业互联网已经被各地政府视为了推进经济高质量发展、打造先进制造业、加快传统产业转型升级的新突破口。

在政府工作报告的指引下，工业互联网平台成为各地推进的重中之重。广东省专门出台了《广东省支持企业“上云上平台”加快发展工业互联网的若干扶持政策（2018—2020 年）》，文件提出“平台降一点、政府补一点、企业出一点”的原则，在今后三年给予不低于 30%的整体优惠支持企业上（公有）云上平台，促进制造业降本提质增效。深圳市提出了为每个工业互联网平台建设提供不超过总金额 50%、最高 3000 万元的资金支持，遴选一批优秀的工业互联网基础平台服务商，每家最高奖励 200 万元。上海市在 2017 年发布了《上海市工业互联网创新发展应用三年行动计划（2017—2019 年）》和《上海市工业互联网创新发展专项支持实施细则》，提出建设 10 个工业互联网典型平台。浙江省积极推动汽车制造、纺织服装、家电家居、电子信息等重点领域的大型制造企业与互联网企业联合打造工业互联网平台，为产业链上下游企业提供创业创新环境和专业化服务，引导中小企业业务系统云化改造和云端迁移。福建省提出了支持工业互联网示范平台、重点项目、应用标杆企业建设与发展，对工业互联网示范工程将最高给予 200 万元的补助。

2. 政策效应

2018 年伊始，工业互联网产业联盟（AII）以及它的理事长单位中国信息通信研究院，将工作重心都集中到了即将召开的第三届工业互联网峰会的筹备上。自国务院《关于深化“互联网+先进制造业”发展工业互联网的指导意见》发布以来，企业、机构、政府对工业互联网的热情空前高涨，就在峰会召开的前一天，AII 的会员由之前的 426 家扩充至 507 家，峰会报名人数远远超过前两届。工业互联网产业联盟会员增长情况如图 4-2 所示。

2018 年 2 月 1 日，作为峰会的前餐，“工业互联网产业生态与行业实践论坛”在北京国家会议中心召开，来参会的有企业、科研院所，也有地方政府。除了主论坛，还设立了“工业互联网网络与标识”“工业互联网平台”“工业互联网安全与产业应用”“工业互联网大数据与工业智能”以及“工业互联网新技术与知识产权”五个分论坛，场面十分火爆。人工智能领域国际最权威学者之一、百度前首席科学家、Landing.AI 公司的创始人兼 CEO——吴恩达博士的上场，将主论坛推向了高潮。吴恩达很谦虚地说，“我个人背景是人工智能，其实我不是一个制造业专家”。客观地说，20 分钟的宣传式演讲，更多的是概念的阐释和理念的宣贯。但是，一个与传统工业生产似乎完全扯不上关系的人工智能专家到场，并在演讲最后提出：“要建立人工智能专家与产业专家之间的战略伙伴关系”，这本身就已经预示着新的改变正在悄然到来。事实上，吴恩达的公司 Landing.AI 的第一个战略合作伙伴，就是制造巨头富士康，它将帮助富士康构建一个 AI 驱动的智能系统来帮助生产。

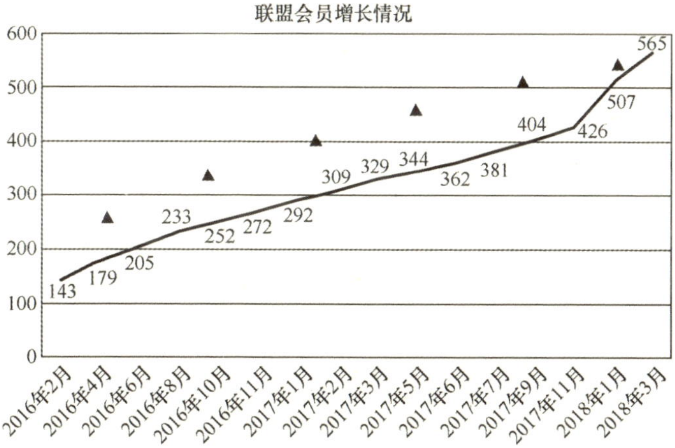

图 4-2 工业互联网产业联盟会员增长情况[4]

2018 年 2 月 2 日，令主办方以及广大工业互联网参与者以振奋和鼓舞的日子终于到来。时任国务院副总理的马凯亲临峰会开幕式并做重要讲话。工业和信息化部部长苗圩主持了峰会开幕式，工业和信息化部、中共中央网络安全和信息化委员会办公室、国家发展和改革委员会等 14 个相关部门负责人到场。3000 多参会代表提前就位，北京国家会议中心 4800 平方米的大宴会厅座无虚席。

马凯在会议上指出，工业互联网是新工业革命的关键支撑和智能制造的重要基石。工业互联网通过实现人、机、物的全面互联，促进制造资源泛在连接、弹性供给和高效配置，工业互联网正在推动制造业创新模式、生产方式、组织

[4] 图片来源：中国工业互联网产业联盟。

形式和商业范式的深刻变革，推动全球工业生态体系的重构迭代和全面升级。马凯强调，我们要把握新工业革命战略机遇，充分认识加快发展我国工业互联网的重要意义。各地、各部门和有关企事业单位，要以习近平新时代中国特色社会主义思想为指导，深入学习贯彻党的十九大精神，充分发挥我国体制优势和市场优势，科学谋划、统筹推进，多方协同、有序展开，以企业为主体，以市场为导向，遵循规律，勇于创新，着力构建网络、平台、安全三大功能体系，完善创新生态、产业生态、应用生态，打造高素质、专业化人才队伍，促进互联网、大数据、人工智能和实体经济深度融合，推动工业质量变革、效率变革、动力变革，加快制造强国和网络强国建设进程，为实现经济高质量发展作出积极贡献[5]。

3000 多名与会代表安静地聆听、记录和思考。这是对中国工业互联网发展的总体定位、理念思路、发展原则、展望期待给出了明确的表述。这是对《指导意见》最权威的解读，是对工业互联网事业的肯定，更是高层对中国工业互联网发展的殷殷期望。

作为主管部门的领导，工业和信息化部苗圩部长连续三年出席峰会。2016 年他出席工业互联网产业联盟成立大会时说，工业互联网已成为各主要工业强国实现智能制造、抢占国际制造业竞争制高点的共同选择。2017 年，在同样的场合，他指出：我国工业互联网驶入发展“快车道”。2018 年，他给出的判断是：我国工业互联网的发展进入到新阶段。

除了工业互联网峰会，在 2018 年上半年，工业互联网还登上了两个规模更高的舞台——4 月在福州举办的首届数字中国建设峰会和 5 月在贵阳举办的第四届中国国际大数据产业博览会。

2018 年 3 月 4 日，全国政协十三届一次会议召开的第二天，媒体竞相发布一则消息：中国证券监督管理委员会第十七届发行审核委员会定于 2018 年 3 月 8 日召开 2018 年第 41 次发行审核委员会工作会议，审核富士康工业互联网股份有限公司首发申请。2018 年 3 月 8 日，富士康工业互联网股份有限公司（首发）获通过的公告正式在证监会官网挂出。而这一天，距离 2 月 1 日富士康报送 IPO 招股书审报告仅仅过了 36 天，而且中间还间隔着春节。富士康工业互

[5] 新华社 2018 年 2 月 2 日，《马凯：加快发展工业互联网推动我国工业转型升级、高质量发展》。

联网股份有限公司从 IPO 申报就显得与众不同。富士康公司作为上市主体，在持续经营时间未满三年的情况下就申报 IPO，而且用了两周就走完了通常情况下长达数月甚至一年的排队时间。一时间，“富士康闪电上市”“富士康 IPO 特殊通道透露何种信号”“富士康登陆 A 股拥抱工业互联网”之类的新闻登上各大网站。

按照富士康工业互联网公司对自己的定位，它是一家为客户提供以工业互联网平台为核心的新形态电子设备产品智能制造服务的公司。该公司致力于为企业提供以自动化、网络化、平台化、大数据为基础的科技服务综合解决方案，引领传统制造向智能制造的转型，并以此为基础构建云计算、移动终端、物联网、大数据、人工智能、高速网络和机器人为技术平台的“先进制造+工业互联网”。此次 IPO 显示，这家员工接近 27 万人、营收达 3545 亿、归属于母公司的净利润达 158.7 亿元的代工巨头，计划募集资金大约 273 亿元，包括工业互联网平台 21.2 亿元、云计算及高效能运算平台 10 亿元、高效运算数据中心 12.2 亿元、通信网络及云服务设备 49.7 亿元、5G 及物联网互联互通解决方案 6.3 亿元、智能制造新技术研发应用 51 亿元、智能制造产业升级 86.6 亿元、智能制造产能扩建 35.5 亿元。我们从 IPO 中不难发现，智能制造应用直接相关的后三项超过 173 亿元，占总投资的 63%，发展无人工厂、智能生产更像是富士康工业互联网公司的直接目标，这和 2011 年富士康公司已经提出的“百万机器人计划”一脉相承。这得益于工业互联网的概念一直以来就是一个比较泛化应用型概念，所有与工业数字化、网络化、智能化相关的理念、技术、产品、应用都可以部分或全部属于工业互联网的范畴，因此我们猜测，使用工业互联网作为公司名字，不仅符合当前工业发展潮流，更有利于形成一个开放的体系，把富士康公司一直推进的全自动化智能制造、8K+5G 生态系统、人工智能等统统纳入。对于富士康工业互联网股份有限公司的火速上市，其背后的原因、带来的影响等诸如此类的消息，引发了业界的广泛的猜想和讨论，而这种热议又大大加速了“工业互联网”的曝光度和关注度。从这个意义上说，“工业互联网”正在成就富士康，而富士康也正在成就“工业互联网”。

富士康的 IPO（Initial Public Offerings，首次公开募股）只是工业互联网搅动资本市场的一个缩影，工业互联网概念股从2018年年初就成为了一支快速崛起的热门题材。2018年3月1日，工业互联网板块涨幅达到7.22%，10支股票涨停。东土科技连续四天涨停，用友网络在11个交易日大涨近70%，这一波热潮至今热度不减。2018年3月29日，36只工业互联网概念股实现全面上涨，20只工业互联网概念股呈现大单资金净流入态势，其中，大单资金净流入超过1000万元的个股达到13只，两只个股大单资金净流入超过1亿元。一时间，对市场最敏感、对计算收入最精明的各家基金公司都有些“懵”了，它们也迫不及待地想知道，什么是工业互联网？工业互联网到底会走向何方？工业互联网的概念还能持续多久？

沈阳机床是工业互联网概念股中的代表企业。沈阳机床自2014年“上海机床展”上推出i5智能机床以来，也曾一度在A股市场作为工业4.0概念龙头股而被大家热议，i5机床以及与之紧密相关的ISESOL平台也常常被贴上“平台化生态化”“工业安卓系统”“分享制造”等颇具互联网特质的标签，它以制造业新模式新业态的经典案例而出现。但近几年沈阳机床业绩连年亏损，2015年亏损近6.4亿元，2016年亏损超过14亿元，连续两年的亏损使这家著名的重工业企业自2017年5月3日被实行退市风险警示，成为“*ST沈机”，股价在两年左右的时间从43.47元/股下挫到最低6.08元/股，2017年的前三季度，*ST沈机的业绩仍然是亏损。然而，财务上的难看并不是i5的错，i5机床的业务收入只占了总收入的1/4，恰恰是传统业务的包袱过重拖累了整体业绩。事实上，i5本身的发展非常快，截至2017年年末，i5智能机床营运总量已从最初的几百台增长突破到2.2万台，形成了6大系列、20余个子类的完整产品型谱，单一客户重复增量采购订单也显著增加。围绕i5而进行的一系列资本运作，使得沈阳机床在2017年第四季度开始出现好转。沈阳机床先是向控股股东沈机集团出售了旗下非i5传统机床业务的全部资产和负债。随后在2018年年初，沈阳机床宣布与国银租赁签订了50亿元的战略合作协议，依托“i5智能控制系统”的技术优势，共同探索新技术新平台支撑下的设备租赁业务。2017年第四季度的成功运作，使这家著名装备制造企业实现了绝地逆袭，在2017年度归属于上市公司股东的净利润达到1.18亿元，归属于上市公司股东的所有者权益为 8.65 亿元。2018 年 3 月 1 日，沈阳机床成功摘星摘帽，股票简称由“*ST 沈机”变为“沈阳机床”，交易撤销退市风险警示。截至 2018 年 3 月底，沈阳机床已经在 3 个月内涨停了 14 次。

工业互联网政策效应带来的工业互联网大热是显而易见的。如果从另一个角度看，这样的现象并不是没有发生过，从光伏到新能源汽车、从钢铁到机器人。各地在国家政策利好后蜂拥而上，市场热度上升，紧接着便是行业产能过剩、低端无序，直至最后在火山爆发后归于寂静，进入调整阶段。工业互联网会不会出现这样的现象？我不能妄加猜测，但很难说不存在着隐忧。2017 年，根据国际知名的物联网研究机构 IoT Analytics 统计，全球只有 150 个工业互联网平台，2017 年工业互联网峰会中只有三家企业发布了自己的平台。而仅仅过了一年，甚至是几个月，中国就出现了数百家“工业互联网平台”。在资本市场，工业互联网板块的上涨，是题材的炒作还是实际业绩的真实反应，是长期价值投资还是短期高抛低吸，相信一千个人心中有一千个哈姆雷特。根据著名的 Gartner 技术成熟度曲线，热度不断上升的技术和概念都有回到低谷的一天，云计算、大数据、虚拟现实这些火热的技术都不曾逃离这样的预言。那么，工业互联网可能走出“先泡沫再捅破方能爬升”的怪圈吗？Gartner 技术成熟度曲线如图 4-3 所示。

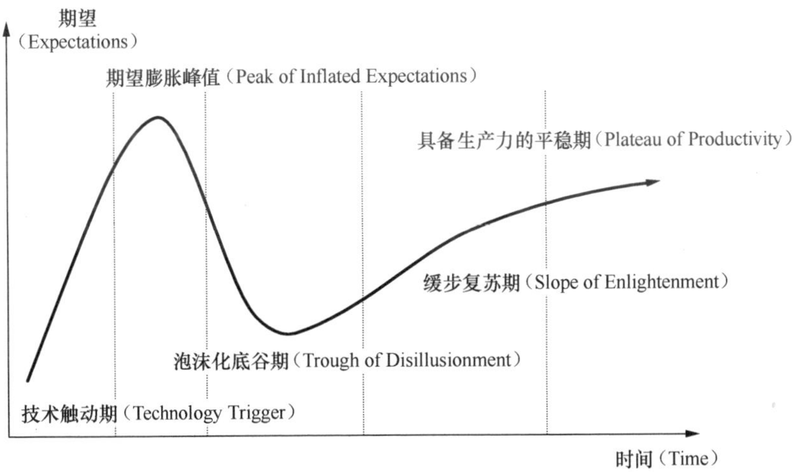

图 4-3　Gartner 技术成熟度曲线

3. 产业生态

良好的产业生态是工业互联网可持续发展不可或缺的基础。在经历着“为竞争进行跨界、在跨界寻求合作、由合作推动开放、从开放实现共赢”的过程中，一个庞大的产业新生态正在形成。

为竞争进行跨界。无论是 ICT 企业还是工业制造企业，都希望抓住新一轮科技革命和产业变革机遇，寻找新的蓝海。像许多咨询公司预测的那样，未来，工业互联网领域将创造数十万亿的市场机遇。寻找市场新蓝海的动机，是为了跑在其他竞争者的前面，比如不同的云服务提供商纷纷进军制造业，再比如互联网安全的企业向工控安全领域延伸；或是为了变革、颠覆原有的行业格局，比如许多互联网企业逐渐布局手机、家电、汽车等传统制造领域。

在跨界寻求合作。当原本属于不同行业的企业进入同一个战场角逐时，无论是工业各垂直领域，还是云计算、大数据、人工智能这些技术，门槛都非常高，这是不同于消费互联网的一个非常显著的区别。消费互联网领域有火爆的餐饮、便捷的快递、方便的出行、舒适的住宿等，它们是新技术对低端服务业[6]商业模式、业务流程的变革。而在工业互联网领域，每一个垂直工业领域都有着几十年甚至数百年的科技积累和经验沉淀，任何一家工业企业想要真正进军大数据、人工智能等高科技领域，绝非易事。比起模式变革，工业互联网更充满了技术变革。因此，任何一个企业，无论目前的体量和影响力有多大，都不足以在工业互联网领域一家独大，单兵作战必须要向集团作战转变。这也是 GE 与微软、西门子与 SAP、阿里巴巴与上汽、腾讯和三一重工这些企业合作的背后原因，这也是各大产业联盟同时聚集大量工业企业与 ICT 企业的原因。

[6] 这里的低端指的是科技含量相对低。

由合作推动开放。跨界合作的不断深入，加速了思维的开放、技术的开放、市场的开放。思维的开放是大前提。起初，当求快、求新、求关注的互联网思维，与求稳、求慢、求专注的工业精神相遇时，它们势必会产生激烈的碰撞。双方都不能深入理解对方的思维方式，做互联网的人认为做工业的人太保守，做工业的人认为做互联网的人不踏实。但碰撞越激烈，越容易迸发火花。当市场竞争加剧，合作成为必然，双方开始相互让步、理解、包容。接着达到技术的开放。传统工业领域在各自发展过程中，形成了各自的标准、规范，工业互联网要想实现 IT 与 OT 的真正打通、实现全环节、全价值链、全产业链的真正连接，必须要寻求互联互通的解决方法。多家企业需要在一起共同讨论、制定可以实现互联互通的方法，从而在架构上、标准上、实现上达到真正的开放。最后，是市场的开放，不仅是传统企业、行业的围墙被打破，国与国之间的市场开放变得更为重要。工业互联网是互联网的延伸与应用，又由跨国企业提出并力推，从一开始就具备着全球化的基因，国际合作是发展工业互联网的必由之路。

从开放实现共赢。开放的结果，是不同领域的企业在共同努力之下，创造出新技术、探索出新模式、催生出新产业。这不是零和博弈，而是蛋糕越做越大的正和博弈，每一个参与者都将从中受益。电信运营商在消费者移动互联网市场趋于饱和的情况下，借助产业领域网络化改造升级的大机遇，寻找到新的业务增长点。互联网企业通过提供专业高质的云计算、大数据、人工智能服务，实现 2B 市场的开拓，并与自身在消费市场的布局相贯通。服务器、芯片、软件、自动化、传感器等供应商，随着用户的需求不断增加，也迎来了巨大的市场机遇。而制造企业，利用工业互联网新技术、新模式、新业态，变革创新模式、生产方式，延伸服务链条，提升产业链布局，最终实现企业的高质量发展。

当下的中国，其在政策预期加强、资本市场关注、媒体积极宣传与企业自身探索的结合下，中国工业互联网的风口已经来临。参与工业互联网的企业越来越多，使人们对中国工业互联网的产业生态抱有很乐观地态度。但在我看来，健全的产业生态也许还有很长的路要走。

什么是生态？生态是在自然界的一定空间内，生物与环境构成统一的整体，在这个统一整体中，生物与环境之间相互影响、相互制约，并处于一个相对稳定的动态平衡状态。群落集聚是生态的基本前提，有机交互是生态的存在条件，动态平衡是生态的终极结果。我们也可以将群落集聚视为生态的第一阶段，有机交互是生态的第二阶段，动态平衡是生态的第三阶段，如图 4-4 所示。

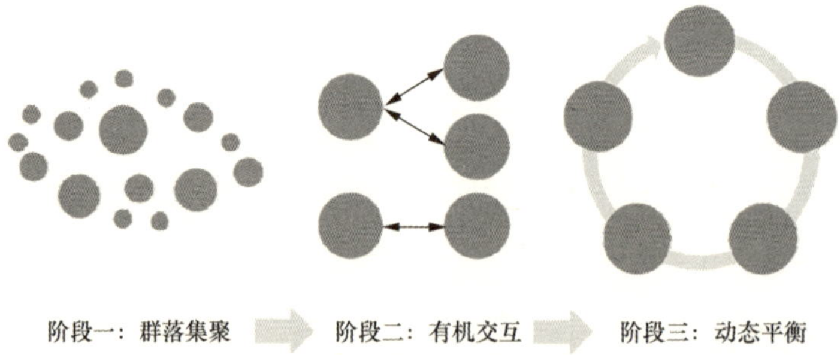

图 4-4　生态的三阶段

近几年，生态是一个高频词汇，尽管很早就出现产业生态的提法，但不得不承认，互联网产业的高速发展才将生态的理念推到了一个新的热度。但究其本源，本质上互联网产业生态其实是由利润与风险驱动、由交易成本决定的企业多元化扩张。互联网企业们通过横向布局拓展经营范围，通过纵向布局掌控上下游链条，这与福特、杜邦等工业时代的垄断巨头们做过的事情并无二致。阿里巴巴以电子商务为核心、腾讯以社交为核心、小米以智能电子为核心，它们集聚了一圈又一圈的“玩家”，形成了阿里系、腾讯系、小米系。这些大大小小的玩家，大到如京东、美团，小到个体商家，都与阿里、腾讯、小米这些大型企业有着紧密地交互业务，无论是采用何种组织结构、何种业务关系还是何种分成模式。巨头们处在食物链的顶端，各种不同公司规模的商家或主动或被动的，在食物链上梯次处于不同的位置。处在食物链上层的企业，有可能孵化出新的小企业、新的独角兽，甚至这些公司的离职人员也会进一步成长为创新、创业提供领军人才、专业人才。互联网生态是相对完善的，是种群多样、紧密交互、动态循环模式。

对于工业互联网，它的产业生态目前还处于培育期，或者说是第一个阶段——群落集聚。按照我国国民经济行业分类，当前从事工业互联网的企业主要来自制造业及信息传输、软件和信息技术服务业两大部门。而这两大部门又进一步细分，前者有铁路、船舶、航空航天和其他运输设备制造业、计算机、通信和其他电子设备制造、仪器仪表制造业、汽车制造业、金属冶炼和压延加工业、纺织服装、服饰业，后者有电信、广播电视、卫星传输服务、互联网及相关服务、软件和信息技术服务业。以上这些名称都是按照国民经济行业分类标准来划分，如果以更粗的颗粒度来说，就是消费品制造、工业品制造、互联网企业、软件企业、电信企业等。也就是说，我国大部分的主要产业都有企业参与到工业互联网发展中。从工业互联网产业联盟的成员构成上，也可以窥一斑而见全豹：工业制造企业占比 31%、工业解决方案提供商占比 23%、信息通信企业占比 24%，从这个角度来看，投入工业互联网实践的企业的确越来越多。但尽管如此，我国工业互联网产业生态也处在一个群落集聚的阶段，而且这个群落仍然不够健壮。我们就工业而言，大部分企业仍然不了解工业互联网的含义，更不用谈论如何部署工业互联网，特别是广大中小企业，薄弱的信息化水平和盈利能力使它们在这样美好的愿景面前显得不知所措；能够提供国家所期望的技术产品供给企业在我国仍然是凤毛麟角，像西门子、GE 这种能够横跨多领域、具备长期布局能力的大型龙头企业更是稀缺。

对于产业生态的第二阶段——有机交互，当下仍然欠缺。企业之间的交互更多是延续原有的产业格局、延续传统的供需关系、按照原有的产业链模式进行。对于我们所期望的新一代信息技术企业与制造企业之间的互动，无论在频度与深度上都还有很大的提升空间。参照国外企业，西门子十年来持续投入巨资，收购了一大批软件企业，其中不乏像 UGS 这样全球领先的软件设计企业，从而使西门子的软件实力全面覆盖设计、仿真、分析、制造、检测、管理、云计算、大数据等各大方面；GE 也采取了一系列公司并购从而提升自己的 IT 综合能力，国内很少有一家工业企业可以借助资本的力量提升显著的自身 IT 能力。如果从合作的角度看，个别的项目合作取得了显著的成效，比如，阿里云打造的 ET 工业大脑，为多家制造企业提供云计算、人工智能支撑。但就阿里云的客户数量来看，制造企业的数量远远比不上商业企业和服务企业的数量。制造企业已开展的项目合作也聚焦在某些点上的探索，并没有全方面地展开。尽管产业联盟集聚了不同领域的大企业，但仍然需要较长时间才能看到真正的跨界合作所催生的可以规模化推广的新技术和新应用。

工业互联网更具挑战的是传统行业与新兴行业之间的思维对立仍然很严重，传统行业的专家们现在还不能真正体会所谓互联网时代的快速迭代到底有多快。他们难以想象，曾经软件工程的经典设计理论在成本更低、算力更快的芯片面前，和在数量更庞大、配置更灵活的服务器面前已经显得“过时”，他们更难以想象，在很多程序员还没来得及掌握甚至开始学习一款互联网前端开发架构的时候，这些程序员比起机器时已经“落伍”。新型行业也没有充分了解传统行业，它们想着怎么把云计算、深度学习、甚至区块链运用到工业中，他们想着颠覆一个又一个行业，然而他们还没有真正理解所谓的行业；他们不理解，5G 可以实现全球主流移动通信标准的大一统，为什么工业领域就不可以有一套标准或少量标准，为什么会有这么多的工业以太网和现场总线。

思维上的相互理解，源于对彼此行业的深入了解和实践。只有迫使自己忘掉自身的“优势”，保持谦虚，放低身段去学习对方，而且要花费并不算短的时间去学习，才有可能真正改变这种现状。处于供给侧的信息通信企业，需要做的是首先能够提供安全、可靠、负责任的解决方案，而不是抱怨用户没有开放性的思维。

互联网讲体验，而工业讲确定。用户对可靠性、安全性的担忧以及他们对国外产品的信任都不是一两天形成的。工业界同样要保持谦虚，不应该过度依赖传统的信息化经验，并简单地拿去套用互联网，套用新一代信息技术，我们绝不能轻视互联网的“颠覆性”作用。请相信彼得 • 德鲁克那句话：*重大的变革总是先在组织的外部发生，过去 50 年里，在改变某个行业的面貌的重大技术中，至少有一半的新技术都不是本行业的技术*[7]。

至于第三个阶段——动态循环，在第二个阶段尚未达到或完善的前提下，我们还有很长的路要走，现在讨论，为时尚早。

---

[7] 彼得 • 德鲁克，《21 世纪的管理挑战》。

4. 迢迢路远

工业互联网将工业体系下的各类所需要连接的实体连接起来，并采集数据、计算数据，在信息系统中实现对物理世界的感知、模拟、决策，再反馈回物理世界，该系统通过精准地执行进而优化。毫无疑问，无论从技术演进的角度，还是从现实刚需的角度来看，工业互联网都是产业融合发展的大趋势。

政策发酵在短时间内将中国工业互联网推向了一个小高潮。关于要不要发展、要谁来发展、要怎样发展这一类问题，基本已经理清。可以说，中国工业互联网的系统化发展真正开始了。

但，也仅仅是开始。

从全局来看，我国的工业互联网与国际的工业互联网有一个最突出的区别：国际的工业互联网是自底向上，出发点是技术的革新，由点点滴滴的改变最终汇聚成产业的升级；我国的工业互联网是自顶向下，出发点是工业体系全局的优化，以工业互联网为统领拉动技术的普及与应用。这两种路径，有各自的背景与合理性。但无论哪种路径下，决定工业互联网发展高度的根本，都是技术创新而非模式创新。

技术的变革，特别是重大变革，绝非是一蹴而就的，也并非总在发生。人们常常说新一代信息通信技术创新日新月异，是前所未有的变革。其实这样说或许有些夸大，进入 21 世纪的近 20 年来，除了乔布斯的 iPhone 手机，似乎并没有多少产品能真正跳出原有技术范式的、划时代的、成熟的 ICT 产品。人工智能、量子计算也许是划时代的技术，但离临门一脚还差一点。区块链也被称为是划时代的，但它距离现实生产似乎更远。我们耳熟能详的云计算、大数据、物联网甚至人工智能，绝大多数都是过去几十年技术的纵向演进与迭代。当下互联网已经带给我们的影响，并不比 100 年前汽车、电力带给当时社会的更大。比起社会总财富的增加，它更突出的作用体现在财富的分配。2007 年，全球市值前10位的企业中，4家来自工业行业，3家来自金融行业，1家来自IT行业，两家来自通信行业；10年后的榜单中，只有1家来自金融行业，2家来自工业行业，剩余7家全部来自互联网行业（苹果与微软的基因已经互联网化）。反观全球劳动生产率，从1996年到2015年这一指标的年均增长率仅为1.3%，期间还出现过零增长或者负增长。今天的互联网科技，某种意义上与传媒紧密绑定在一起，宣传的速度远远超过了技术进步的速度。即便是资本密集投入、人才大量聚集的高科技领域，到目前也仅仅是影响了人们的生活，远远没有像蒸汽机、内燃机、电力那样，对生产力带来了飞跃。对于投入远远不够的工业互联网，尽管它代表了信息通信技术由生活向生产跨越、由分蛋糕向做蛋糕方向的升级，但想要像那些已经证明了的伟大成就看齐，有太多的技术创新需要去积累和突破。

技术的原始创新需要长期的过程，而技术转换为产品、产品升级为方案，又是一个艰难的旅程。工业互联网最终的问题是如何使理念落地，而落地的最核心的问题是能不能在供需双方都可接受的价格范围内，给出并部署有针对性的、可获益的、安全可靠的产品和解决方案。对于供给方，他们最大的难题是拿出能够有效解决行业痛点的产品和方案。在工业互联网的发展中，我们经常听到诸如“工业企业思维封闭，不肯接纳新技术”的抱怨，其实根本原因还是在供给方拿不出像宣传的那样能够为客户解决痛点的产品和方案。打造这样的产品和解决方案，背后是企业的研发能力、经验积累、服务体系、品牌影响甚至公司文化等众多方面的因素，非一朝一夕之功。在这些方面，我国企业与发达国家同类企业的总体差距是显而易见的。对于需求方，企业自身的发展水平，包括硬性的信息化能力、软性的管理模式，都是制约工业互联网落地的重要原因。特别是管理——我国大部分企业仍然处于2.0阶段，其核心问题不在于技术，而在于管理。要知道几十年前的丰田汽车没有互联网靠看板一样可以实现精益制造。早在1990年发表的《改变世界的机器——精益生产之道》一书中写道：如果一个公司打算获得高效益，采用高技术工序自动化之前应该先建立精益的组织。这样的道理今天和明天都将适用。没有先进的战略、思维、逻辑、执行，花再大价钱买产品和方案，也不能创造出应有的价值，这也是我国信息化发展历程中总结出的深刻教训。

工业互联网发展的必然结果是物理世界与数字空间之间的交互将日益频繁，生产者与消费者之间的关系将日益拉近，制造业与服务业之间的边界将日益模糊。生产体系、服务体系、产业体系都会被重塑。而重塑往往比新建更难。在消费领域，我们清楚地看到了互联网经济在带来便捷的同时所引发的行业垄断、恶意竞争、平台责任缺失、新旧业态冲突、公地悲剧等一系列问题。同样的道理，在生产领域，工业互联网在重塑传统体系的过程中，必然会带来诸多想得到和想不到的新问题新挑战。工业互联网的技术、管理、环境将会在不断出现问题、面对问题、解决问题的过程中得以完善，包含了新的生产方式、组织形式、商业范式的新工业体系也将在这样的过程中逐步建立。而可以预见的是，在这样的过程中，一定会伴随着争议、反对、低潮，因此工业互联网的前路绝不会是坦途一片。当下的问题是，工业互联网甚至没有暴露问题的机会，这是因为它的规模和深度都还远远不够。

工业互联网仅仅是开始还有一层含义，那就是工业互联网是动态演进的概念。它被界定为新一代信息通信技术与制造业的深度融合的产物，它本身就预示着这一点。首先，新一代信息通信技术的内涵是相对确定的，高速计算、泛在互联、虚实交互、数据智能，但其外延却始终不断扩大。作为全球研发最为活跃的领域，该领域已有的技术会不断迭代，新的技术会不断涌现。可以说，信息通信技术发展到哪里，工业互联网就会跟着发展到哪里。我们看到，早期并没有考虑过的一些技术，最近都被纳入工业互联网的体系，比如5G、深度学习、边缘计算、区块链。未来，也许还有量子计算、量子通信这些更具前沿性的技术融入到工业互联网的应用中。同时，“工业互联网”里的“工业”，不仅仅是工业部门，它还可以延伸为工业经济。也可以说，工业互联网还代表着工业经济与新一代信息技术的深度融合。一方面，工业经济形态下的能源、交通、电力、医疗、农业、城市公共服务等各行各业，都有着人、机、物、务（业务）互联互通、智能优化的迫切需求。另一方面，各行各业的设备、设施、装置，都来源于制造业，制造业的工业互联网化必然将延伸到各行各业。最终，工业互联网能够真正覆盖实体经济各部门，成为名副其实的产业互联网。

无论如何，工业互联网的大幕已经拉开。不论以什么样的名字出现，它都不会是昙花一现。

就在本书即将完成之际，工业和信息化部于 6 月 7 日公布了《工业互联网发展行动计划（2018—2020 年）》，文件提出，到 2020 年年底，我国初步建成工业互联网基础设施和产业体系；工业富联，也就是富士康工业互联网股份有限公司，于 6 月 8 日在上海证交所正式挂牌上市，经历了首日开盘上涨 44%和两天内蒸发 629 亿元的“过山车”；6 月 11 日，工业互联网产业联盟宣布又新增 70 家成员，会员总数达到 700 家；6 月 20 日，GE 受糟糕的股价拖累在 111 年后被剔除出道琼斯工业平均指数。

未来已来，前路尚远，波折难免，想象无限。

作者完成于
2018 年 6 月 20 日